LES
HOMMES FORTS

PAR LE TRAVAIL

LA PERSÉVÉRANCE ET LA SOBRIÉTÉ

PAR

J. M. DE GAULLE

> Tout athlète s'abstient des choses qui peuvent lui nuire.
>
> 1re *Épître de St Paul aux Cor.*, IX, 25.

LA SAINTE FAMILLE — LES CHRÉTIENS DE LA PRIMITIVE ÉGLISE — LES SOLITAIRES — JEAN GUTTEMBERG — CHRISTOPHE COLOMB — BERNARD PALISSY — LE VRAI ROBINSON — HAYDN — JACQUARD — LE CAPITAINE BLIGH — LE GÉNÉRAL DROUOT — BIDAUD — OBERKAMPF — LE CAPITAINE BERNARD — FLANDRIN — L'ABBÉ CHIARELLI, ETC.

PARIS

NOUVELLE LIBRAIRIE D'ÉDUCATION

VICTOR SARLIT, LIBRAIRE-ÉDITEUR

RUE DE TOURNON, 19

LES
HOMMES FORTS

PAR LE TRAVAIL

LA PERSÉVÉRANCE ET LA SOBRIÉTÉ

MÊME LIBRAIRIE :

Du choix d'un état ou Boussole de la vie en exemples, histoire et récits offerts à la jeunesse, par Louis Desormes. 1 vol. in-8, orné de 8 gravures.. 2 fr.

Entretiens et récits sur l'histoire de France, par le même auteur. 1 vol. in-8, orné de 8 gravures..................... 2 fr.

La science pour tous, ou expédition scientifique en France, par M. Schnaiter, officier d'état-major. 1 vol. in-8, orné de 27 grav. 2 fr.

Les vertus chrétiennes en action, par M. Ed. Lalande. 1 vol. in-8, orné de 8 gravures..................................... 2 fr.

L'éducation par l'exemple, par le même auteur. 1 vol. in-8, orné de 8 gravures................................... 2 fr.

La mémoire du cœur, traits de reconnaissance envers Dieu et envers les hommes, par J.-M. de Gaulle. 1 vol. in-8, 1 gravure..... 2 fr.

Le foyer chrétien, récits historiques et légendaires, par le même auteur. 1 vol. in-8, 1 gravure............................ 2 fr.

Faits et récits contemporains, nouveau recueil anecdoctique, par M. G. de Cadoudal, rédacteur en chef du *Messager*, 2e édition plus complète. 1 vol. in-8, 1 gravure...................... 2 fr.

Histoire de saint Eugène et de son époque, par M. Razy. 1 vol. in-8, 2 gravures.. 2 fr.

Légendes chrétiennes, par M. Ravinet. 4 vol. différents qui se vendent ensemble ou séparément. Chaque volume.......... 2 fr.

PARIS. — IMPRIMERIE ÉMILE MARTINET, RUE MIGNON, 2.

LES
HOMMES·FORTS

PAR LE TRAVAIL

LA PERSÉVÉRANCE ET LA SOBRIÉTÉ

PAR

J.-M. DE GAULLE

Tout athlète s'abstient des choses qui
peuvent lui nuire.

(S. Paul, *I Cor.*, ix, 25.)

NOUVELLE ÉDITION, MODIFIÉE ET AUGMENTÉE

LA SAINTE FAMILLE. — LES CHRÉTIENS DE LA
PRIMITIVE ÉGLISE. — LES SOLITAIRES. —
JEAN GUTTEMBERG. — CHRISTOPHE COLOMB.
— BERNARD PALISSY. — LE VRAI ROBINSON
— HAYDN. — JACQUART. — LE CAPITAINE
BLIGH. — LE GÉNÉRAL DROUOT. — BIDAULT.
— OBERKAMPF. — LE CAPITAINE BARNARD.
— FLANDRIN. — L'ABBÉ CHIARELLI. ETC.

PARIS

NOUVELLE LIBRAIRIE CLASSIQUE

VICTOR SARLIT, LIBRAIRE-ÉDITEUR

RUE DE TOURNON, 19

1880

PRÉFACE

DE LA NOUVELLE ÉDITION.

L'incontestable succès de ce livre, le rapide écoulement de la première édition, tirée à grand nombre d'exemplaires, témoignent en sa faveur mieux que nos discours ne sauraient le faire. Il n'appartient pas d'ailleurs à un auteur de vanter lui-même son ouvrage ; mais on nous permettra sans doute de reproduire ici le compte rendu qu'en a fait la *Bibliographie catholique*, revue critique dont l'appréciation fait autorité.

« Voici vraiment un livre à répandre, dit-elle, un livre utile, un livre intéressant au plus haut degré par le fond, et qui, dans la forme, est bien écrit. Ce qui manque à notre société présente, ce ne sont point les hommes ambitieux : ils l'assiégent et la ravagent ; les hommes intelligents, ils pullulent ; les hommes bons même, on les rencontre assez sur son chemin, et les prodiges de la charité autour de nous prouvent surabondamment qu'il y en a beaucoup. Ce qui manque, ce sont les hommes de large nature et d'énergique caractère, les hommes qui, comme les soldats de Gédéon, se contentent de boire au ruisseau, dans le creux de la main, et de là s'élancent à de généreuses batailles. La bataille, c'est toute la vie. Concevoir un but honnête, y marcher par des voies honnêtes, n'en point dériver, quoi qu'il en coûte, voilà ce qui nous est donné rarement en spectacle. Les jouissances passent avant la vertu, la fortune avant le devoir, et de cette chasse à l'intérêt aveugle et personnel résulte une génération petite en courage, indigente de grandeur et de dignité. On calcule au lieu de sentir; la table de Pythagore a détrôné le cœur, ruiné ses nobles aspirations. Madame de Gaulle s'est émue de cet amoindrissement de la race humaine. Il lui a semblé qu'il était bon d'offrir à la jeunesse et à tous les âges les modèles de fermeté, de travail, de persévérance, de sacrifice; et c'est à l'histoire qu'elle les a demandés, au lieu de s'adresser à la fiction, d'inventer des héros imaginaires, dont les situations, faites à plaisir, n'ont ordinairement que peu de rapport avec la vie réelle, et, en tout cas, n'entraînent guère les décisions de la volonté pour la mouvoir du côté du bien.

« L'auteur débute par combattre l'injuste et universel préjugé qui place la richesse au premier rang des conditions de bonheur. Les richesses sont plutôt un embarras et un écueil, et, si la paix est quelque part ici-bas, c'est certainement dans le travail accompagné d'une médiocrité suffisante. « Moins un voyageur a de bagages, mieux « il accomplit son voyage avec aisance et facilité. Sainte « Thérèse, dont la profondeur de vues égalait la haute « piété, disait, en parlant de la pauvreté : *Elle est un « grand bien, qui comprend en soi tous les autres biens* « (p. 5). » Notre-Seigneur l'a béatifiée, non-seulement pour la vie future, mais pour cette vie même, témoin tant de saints, religieux, anachorètes et autres, qui ont trouvé avec elle la satisfaction et le repos, après l'avoir vainement demandé aux douceurs prétendues de l'opulence. — Il importe de populariser cette vérité ; car l'avidité des richesses est une des plaies de ce temps, celle peut-être qui éloigne le plus de Dieu les multitudes courbées comme de vils animaux sur le labeur qui doit les leur procurer : de là, la profanation du saint jour du dimanche, l'ignorance et le mépris de la parole divine, la fréquentation des lieux où toute morale périt, la destruction de l'esprit de famille, la transformation du cabaret en institution. Au reste, on le comprend, il ne s'agit pas de confondre la pauvreté avec la misère.

«Madame de Gaulle aborde ensuite les tableaux qu sont le fond de son ouvrage, la confirmation de ses principes, la mise en action de ses formules. C'est d'abord la sainte famille, où vraiment on fut pauvre et fort ; la primitive Église, dont les enfants généreux abandonnaient avec joie leurs biens, prêts à marcher aux souffrances et à la mort ; les moines d'Orient, dépouillés de tout et ne regrettant rien ; les moines d'Occident, sauvant la civilisation et dirigeant une société barbare vers les rives où elle a depuis planté le drapeau de ses victoires ; saint Bruno et les chartreux, saint Bernard, Clairvaux, les trappistes, les frères mineurs et leur illustre père saint François.

«Le lecteur pourrait objecter que ces héros du christianisme, poussés et soutenus par une grâce particulière, ne sont guère imitables. Voici donc des hommes qui ont vécu au milieu du monde, quelques-uns même n'étaient pas catholiques, et qui, en dépit de toutes les difficultés, en face de tous les sacrifices, ont donné le parfait exemple de la fermeté, de la lutte persévérante, du mépris de ce qu'on appelle le bien-être, la délicatesse, la jouissance, parce qu'ils avaient devant eux un point de vue supérieur dont rien ne pouvait les détacher. — C'est Jean Guttemberg, l'inventeur de l'imprimerie, dont, après les premiers chrétiens et les solitaires de l'Orient et de l'Occident, on nous retrace la vie laborieuse, dévouée, vaillante ; — Christophe Colomb, que ni l'injustice des hommes, ni l'indigence, ni le poids de l'âge, ne sauront retenir lorsque son génie devinera tout un hémisphère et voudra en faire au vieux monde, à la chrétienté, le magnifique présent ; — Bernard Palissy, qui n'arrivera à la célébrité qu'à travers tous les obstacles et en renversant pour ainsi dire des montagnes ; — le vrai Robinson, cet Alexandre Selkirk, abandonné dans l'île de Juan Fernandez, qui, au lieu de se livrer au désespoir, montre une indomptable énergie dans la situation épouvantable qui lui est faite ; — Haydn, l'immortel auteur de chefs-d'œuvre, et entre autres d'un admirable *Stabat mater*, dont la vie fut aussi un combat, un combat où la défaillance ne trouva jamais son heure, sa minute ; — Jacquard, le bienfaiteur de Lyon ; — le commandant Bligh et ses compagnons, jetés sur un radeau par un équipage mutiné, et sur cette faible nacelle, traversant tout l'océan Pacifique, parmi tous les périls, toutes les privations, tous les tourments ; — le général Drouot, ce fils de boulanger que l'empereur avait surnommé *le sage de la grande armée*, et qui fut le modèle tout à la fois du travail, de l'abnégation, de la modération dans les désirs, d'une vie austère et digne, d'une fidélité constante à ses devoirs envers Dieu, et qui mérita l'honneur d'être célébré par la bouche de Lacordaire ; — Joseph Bidauld, le paysagiste provençal, au siècle dernier ;— Oberkampf, pauvre ouvrier, à qui Paris doit, avec l'industrie des toiles peintes, une de ses sources de richesse et son affranchissement des fabriques étrangères; — le capitaine Barnard, un autre Robinson plus récent, aussi courageux que le premier; — puis, en 1825, un drame maritime où brille une force de caractère incomparable ; — Hippolyte Flandrin, que nous eussions été étonnés de ne pas rencontrer dans cette galerie, une des plus éprouvées et des plus nobles figures de ce temps, d'autant plus noble que Flandrin mit toujours en Dieu sa gloire et son appui, au milieu de cette tourbe d'artistes qui n'adorent que la matière ; — l'abbé Chiarelli, mort à Paris en 1864, et qui réunit dans sa personne l'austérité de saint Jean-Baptiste et la charité de saint Vincent de Paul ; — Hippolyte Violeau et quelques autres, qui complètent ce charmant et touchant volume, qu'on doit, nous le répétons, faire connaître et répandre (1). »

Nous sommes loin d'avoir épuisé tous les types qui auraient mérité une place dans cette galerie : il nous a fallu, pour le moment, nous renfermer dans les limites d'un volume. Nous ne désespérons pas cependant d'en réunir avec le temps un nombre suffisant pour en former une nouvelle série ; en attendant, nous cédons à des désirs

(1) Voyez *Bibliographie catholique*, n° d'avril 1868.

qui nous ont été exprimés, nous ajoutons quelques esquisses à la suite de caractères que nous avions déjà tra-
cés. Nous avons pris pour objet de cette nouvelle étude
les hommes les plus remarquables entre ceux qui ont
concouru à créer et à développer la découverte la plus
importante des temps modernes, celle de l'application
de la vapeur à l'industrie, à la navigation, et enfin à la
locomotion au moyen des chemins de fer.

INTRODUCTION

LES SOLDATS DE GÉDÉON.

Et Dieu dit à Gédéon : Tu as une armée nombreuse, Madian ne lui sera point livré, de peur qu'Israël ne se glorifie contre moi et ne dise : Je me suis délivré par mes propres forces.

Parle au peuple et dis à tous ceux qui t'entendront : Que celui qui a peur s'en retourne chez lui. Vingt-deux mille hommes quittèrent la montagne de Galaad et s'en retournèrent ; il en resta seulement dix mille.

Dieu dit à Gédéon : Ils sont encore trop nombreux : conduis-les auprès des eaux ; là je les éprouverai. Que celui que je te désignerai comme devant t'accompagner aille avec toi, et que celui que j'aurai écarté s'en retourne.

Lorsque le peuple fut descendu au bord des eaux, le Seigneur dit à Gédéon : Ceux qui laperont l'eau de la langue comme font les chiens, tu les mettras à part ; ceux qui auront bu les genoux fléchis iront ailleurs.

Le nombre de ceux qui burent l'eau en portant la main à la bouche fut de trois cents hommes ; tout le reste de la multitude avait bu les genoux ployés.

Et le Seigneur dit à Gédéon : Par ces trois cents hommes qui ont bu l'eau [dans la main] *je vous délivrerai et je vous livrerai Madian. Que tout le reste de la multitude s'en retourne.*

(*Juges*, chap. VII, ⍧. 2, 3, 4, 5, 6 et 7.)

Ces hommes d'élite, qui se contentent de boire en passant dans le creux de leur main, sont l'image de ceux à qui peu suffit et qui, durs à eux-mêmes, poursuivent énergiquement leur marche vers un but sacré sans se mettre en peine de leur propre satisfaction.

Dans l'ordre matériel comme dans l'ordre moral, le plus grand nombre a peur de se donner de la peine et de s'imposer des sacrifices. Ces âmes-là ne sont point propres à la lutte, elles reculent devant le combat et passent dans le monde en y remplissant le rôle de comparses, s'annihilant dans une mollesse oisive, dans une stérile frivolité, sans parler de celles qui descendent encore au-dessous de ce niveau vulgaire. Que Dieu leur soit indulgent !

Il est d'autres hommes plus capables de quelques efforts, mais toutefois assez amis de leurs aises, assez soigneux de leur bien-être pour mettre des réserves à leur abnégation. Ceux-là voudront peut-être sauver leurs âmes, mais à la condition de ne pas mépriser tout à fait leur corps. Ils travailleront peut-être en vue de la fortune terrestre ; ils pratiqueront même la charité, mais cette charité *bien ordonnée*, qui commence par soi-même et qui prend si bien sa bonne part que la part du prochain se trouve réduite à peu de chose.

Mais il est des âmes plus fortement trempées, des natures plus dures à elles-mêmes qui s'appliquent à réduire leurs besoins matériels et savent poursuivre avec persévérance un but utile, une noble entreprise ; ceux-là seuls sont capables de grandes choses. A eux les palmes d'une saine gloire en ce monde ; à eux surtout ces couronnes immortelles qui attendent au delà de la vie les vainqueurs d'eux-mêmes, et qu'il faut violemment conquérir !

Dans les récits qui vont suivre, nous avons voulu faire figurer quelques-uns de ces hommes forts et courageux qui, semblables à la troupe choisie de Gédéon, ont su se contenter de peu, et n'ont voulu prendre en passant que le soulagement nécessaire à la poursuite de leur course rapide. Animés d'une sainte ardeur, ils ont su s'affranchir des entraves qui, trop souvent, arrêtent de généreux efforts et font manquer un but désirable.

A la suite de ces héros qui ont combattu avec un entier dévouement pour la plus sainte des causes, la gloire de Dieu, le bien de la patrie, de l'humanité, ou pour l'acquittement de quelque devoir personnel et sacré, nous devons honorer aussi ceux qui ont su lutter énergiquement contre un malheur

menaçant, réaliser quelque noble idée, ou même
simplement quelque inspiration sage et utile, en
un mot travailler avec cette persévérance à laquelle est promise une bénédiction, quand elle a
pour objet des choses qui sont dans l'ordre de la
volonté de Dieu.

Parmi les types que nous avons rassemblés, aucun n'est d'invention ; plusieurs appartiennent à
l'histoire ; tous ont vécu, et même quelques-uns
vivent encore : tous sont donc des modèles que l'on
peut proposer sans être taxé d'exagération. Ces
traits, dont l'humilité n'exclut pas la grandeur,
ont leur valeur propre aussi bien que les actes écla-
tants provoquant l'enthousiasme, mais n'accusant
pas plus de véritable héroïsme que cette constance
soutenue qui donne les moyens d'accomplir beaucoup de bien et d'éviter beaucoup de mal.

Nous avons donné place dans cette galerie à des
hommes de toute condition, même de croyances
diverses : si nous y avons placé des moines au premier plan, c'est que réellement parmi les moines
se sont trouvés les plus intrépides, les plus infatigables travailleurs. Ils ont été parmi nous les initiateurs de la civilisation, et ont opposé une sorte
de digue aux envahissements de la barbarie. Il faut
donc ici leur rendre ainsi qu'à tous la justice qui
leur appartient, et reconnaître que c'est dans l'esprit de sacrifice qu'était le secret de leur force.

DE LA PAUVRETÉ.

Un préjugé des mieux accrédités est l'estime des richesses. Peu de sages savent se mettre en garde contre leur prestige éblouissant.

Cependant ce n'est pas seulement au point de vue moral, mais bien aussi au point de vue matériel que les richesses sont un embarras, un écueil ; elles entraînent avec elles leurs charges, leurs sujétions, plus lourdes que les inconvénients de la pauvreté.

Il parlait avec une immense profondeur de vues, une connaissance parfaite des causes et des effets, Celui qui a dit : *Heureux les pauvres !*

Moins un voyageur a de bagages, mieux il accomplit son voyage avec aisance et facilité.

Sainte Thérèse, dont la profondeur de vues égalait la haute piété, disait en parlant de la pauvreté : *Ella es un bien, que todos los bienes encierra en si* (elle est un bien qui comprend en soi tous les autres biens).

La pauvreté est la richesse des cloîtres, tous les saints l'ont aimée et pratiquée. Elle est la sauvegarde des faibles et un gage précieux de salut.

Oh ! qu'il connaissait bien les faiblesses du cœur humain, Celui qui a dit qu'il était *plus difficile à un riche de se sauver qu'à un câble* [1] *de passer par le trou d'une aiguille !*

Aussi c'est une grande grâce que Dieu fait à ses élus quand il ne leur prodigue pas les biens de ce monde.

Un homme sage disait : Je n'estime l'argent que tout juste autant que la semelle de mes souliers, c'est-à-dire que, sans y attacher une grande valeur, je ne puis cependant pas m'en passer. Mais je n'ai pas besoin d'une semelle trop épaisse, qui alourdirait ma course : avec une chaussure légère, on marche d'un pas plus dégagé.

Ne confondons pas la pauvreté avec la misère.

La misère est un état dégradant auquel peuvent conduire le vice, le désordre, la paresse. On y tombe quelquefois pour avoir voulu monter trop haut, pour avoir voulu s'écarter témérairement des humbles voies par lesquelles nous menait la Providence. Elle peut donc être une juste punition ; elle peut être aussi une épreuve, résultat d'une catastrophe fortuite. Les gens sages cherchent à la prévenir. Les gens de cœur n'y demeurent pas.

---

[1] Fait de poil de chameau ; le mot κάμηλος signifie à la fois en grec *chameau* et *câble*.

LES
HOMMES FORTS

PAR

LE TRAVAIL, LA PERSÉVÉRANCE ET LA SOBRIÉTÉ

LA SAINTE FAMILLE.

Avant qu'une voix divine eût proclamé du haut de la montagne ces mots qui ont étonné le monde : *Heureux les pauvres !* les augustes parents du Sauveur avaient pressenti le mérite et les avantages de la pauvreté, et ils la mettaient en pratique.

L'Évangile, dans sa majestueuse sobriété, se contente de nous dire que Marie et Joseph étaient pauvres : de respectables traditions, des révélations rapportées par de saintes âmes, s'accordent à dire que cette pauvreté était volontaire, et qu'héritière d'une modeste fortune, la fille d'Anne et de Joachim avait, lors de son mariage, et de concert avec Joseph, fait trois parts de ses biens, en offrant l'une au temple, où elle avait demeuré, distribuant l'autre aux pauvres, et laissant la troisième à la disposition du chef de la famille, qui commença ainsi son rôle d'économe et d'administrateur des biens de la maison de Dieu.

Cette troisième part que s'étaient réservée les augustes Époux consistait sans doute principalement dans leur petite demeure de Nazareth, où devait s'accomplir le grand mystère de l'Incarnation du Verbe.

C'était une bien humble demeure ; les murs en étaient frustes, dépourvus de tout vain ornement. Marie y établit sans doute un ordre admirable. C'est un luxe qui manque à bien des riches, et que la surabondance de biens ne favorise pas du tout. Joseph y travaillait à la sueur de son front : c'est une loi qui convient au tempérament de l'homme. Riche d'incomparable piété, de sublimes lumières, d'amour réciproque, la sainte Famille possédait des biens dont plusieurs seraient heureux de pouvoir acquérir une partie au prix de tout leur or. Elle n'avait garde de regretter les splendeurs royales dans lesquelles avaient été élevés ses ancêtres. Elle avait cependant conservé le sentiment de la noblesse de sa race, et, disons-le en passant, c'est la seule de toutes les distinctions humaines qu'on ne la voit pas rejeter. Quelle généalogie si ancienne, si honorable qu'elle soit, peut se comparer à celle du Sauveur, qui remonte sans interruption jusqu'à David, en passant par plusieurs générations de rois, et de David jusqu'à Adam, dans une suite de patriarches plus grands que les rois eux-mêmes ?

Indépendamment des grâces surnaturelles dont ils avaient été prévenus dans une mesure tout exceptionnelle, Joseph et Marie offraient certainement en leurs personnes cette distinction native qui se transmet par le sang et l'éducation ; et ce serait une grande erreur que de se les représenter comme des ouvriers grossiers et incultes.

D'ailleurs, dans les plus humbles conditions, parmi les races même les plus plébéiennes, la tradition des vertus et l'héritage de l'honneur, qui constituent aussi une vraie noblesse, impriment au front des descendants et à leurs manières une dignité qui ne s'improvise pas.

La paix, l'union, l'affection, les dons de l'intelligence, le vrai bonheur enfin, régnaient donc à Nazareth. Ce bonheur fut rendu bien plus parfait encore quand la présence de l'Enfant divin vint s'ajouter, trésor inestimable, à tous les trésors que possédaient déjà ces lieux bénis.

Mais Jésus n'était pas venu ici-bas pour y rétablir le paradis terrestre : la félicité parfaite et continue ne devait plus se retrouver que dans ce royaume céleste qu'il allait reconquérir au prix de son sang. Pour y avoir part avec lui, il faut aussi partager son calice amer. Coopérateurs de sa grande œuvre, Joseph, et surtout Marie ne devaient pas être épargnés.

Elle a sonné, l'heure de la tribulation ! Ces vierges Époux sont obligés de s'arracher au doux nid qui abrite leur amour immaculé et où ils attendaient un incomparable présent du Ciel dans la personne d'un Enfant divin. Au cœur de l'hiver il leur faut entreprendre un voyage rendu plus difficile encore par la situation où se trouve la jeune femme. Les voilà exposés à l'inclémence du temps et aux hasards de l'imprévu. Les privations atteignent même les riches en voyage, et l'on a vu l'Arabe du désert mourir de faim à côté d'un sac de perles ; à plus forte raison est-on exposé à manquer de tout quand on ne possède rien. A Nazareth, quoique pauvres, Joseph et Marie avaient du moins un abri pour reposer leurs têtes et y vivre de leur travail ; ce travail quotidien se trouve interrompu par le seul fait de leur voyage, et à Bethléem où ils sont inconnus et dédaignés, ils ne peuvent trouver d'asile.

On sait quel misérable refuge leur fut seul hospitalier ; sans doute l'industrie de Joseph s'efforça aussitôt de le rendre moins inhabitable. On sait quelles merveilles s'y opérèrent, et comment cette étable, devenue le temple de l'Homme-Dieu et le rendez-vous des Anges, dut devenir chère à ses augustes hôtes.

Les humbles bergers d'abord et les rois ensuite y avaient apporté la dîme de leur indigence et de leurs trésors : le besoin poignant et impérieux ne s'y faisait plus sentir. Les joies du ciel et même celles de la terre affluaient dans cette demeure privilégiée; et l'Église fait mémoire de cet heureux temps par des fêtes doublement joyeuses. Mais la sagesse divine d'une part, la malice humaine, son aveugle instrument, de l'autre, ne sauraient laisser durer longtemps cet état de prospérité. Une sinistre prédiction, d'abord, et bientôt un ordre d'En-Haut, viennent arracher Marie et Joseph à leur douce sécurité. Il faut à la hâte et au milieu de la nuit partir pour échapper à un danger menaçant. Il faut fuir à travers les déserts pour aborder un pays inconnu, une nation idolâtre, qui n'a laissé que de fâcheux souvenirs dans les traditions d'Israël.

De gracieuses légendes font mention de secours miraculeux qui seraient venus en aide à la sainte Famille dans le désert : elles nous montrent le palmier inclinant vers Marie ses hautes branches chargées de fruits, et la source d'eau jaillissant aux pieds de Joseph du sein des sables arides ; elles nous représentent aussi des milliers d'anges accompagnant et servant visiblement leur Reine : ces légendes sont de charmantes traditions poétiques; mais elles n'ont pas la valeur de l'Évangile ; et l'Évangile, excepté dans ces circonstances solennelles où il était indispensable qu'une manifestation surnaturelle intervînt, nous montre Marie et Joseph absolument soumis aux obscurités de la foi et aux épreuves de la vie, ainsi que les autres hommes. Sans doute Marie pouvait dans ses nécessités évoquer les anges, puisqu'ils étaient soumis à ses ordres ; comme Jésus-Christ aurait pu, ainsi qu'il le dit lui-même à l'entrée de sa passion, prier son Père de lui envoyer douze légions de ses esprits célestes ; mais il ne l'a point fait pour accomplir sa mission, qui était de souffrir. Or Marie, sa fidèle imitatrice, n'était ici-bas qu'une reine exilée, et il est présumable que, docile à la loi de la souffrance, elle aura accepté les épreuves par lesquelles la divine Providence la préparait à la consommation du sacrifice.

Nous pouvons donc supposer que si Marie a, durant sa vie mortelle, usé du pouvoir qu'elle devait avoir sur toute créature, elle ne l'aura fait que dans des cas très-rares, très-exceptionnels, et probablement au profit de la charité plutôt que pour son propre soulagement. Dieu lui avait donné ainsi qu'à l'Enfant divin, dans la personne de Joseph, un protecteur toujours occupé de pourvoir à leurs besoins. Après les incommodités et les périls du désert, le patriarche dut encore rencontrer bien des obstacles dans cette Égypte ennemie, païenne ; et, dans les premiers temps surtout, il fut obligé de lutter pour avoir du travail contre des concurrences déjà établies. Plusieurs changements de résidence, constatés par les traditions du pays et par des vestiges vénérés, témoignent que les difficultés n'ont pas manqué sur la terre étrangère aux augustes exilés.

Nous ne voyons pas que Notre-Seigneur, non plu. que sa sainte Mère, ait embrassé habituellement de pratiques d'une excessive austérité. Nous le voyons avec ses apôtres, comme à Nazareth, mener une vie frugale, et faire sur de faibles ressources la part de l'aumône, sans manquer de s'acquitter des contributions dues à

Dieu et à César. En tout il s'est accommodé aux circonstances; s'il a jeûné dans le désert durant sa retraite de quarante jours pour se préparer à sa mission apostolique, s'il a veillé la nuit pour se prêter à la pusillanimité d'un docteur de la loi, si, brûlant de soif et accablé de fatigue, il a attendu au bord du puits la Samaritaine pour la convertir, nous le voyons dans d'autres occasions prendre part à des festins de réjouissances, assister avec Marie aux noces de Cana et y changer l'eau en vin, accepter chez Zachée et chez Matthieu une hospitalité splendide, consentir à souper chez Simon le lépreux, se laisser parfumer par Madeleine, et recevoir les services empressés de Marthe.

Mais tout cela était condescendance de sa part. Que lui importaient les délicatesses de la vie! J'ai, disait-il à ses apôtres, une viande à manger que vous ne connaissez pas. — Ma nourriture est de faire la volonté de Celui qui m'a envoyé et d'accomplir son œuvre.

Les pharisiens, qui ne cherchaient qu'à le trouver en faute, se scandalisaient de cette vie facile et demandaient aux apôtres pourquoi leur maître mangeait avec des pécheurs, et à lui-même, pourquoi ses disciples ne jeûnaient pas comme les leurs et comme ceux de Jean?

A cette dernière question le Seigneur répondit, faisant allusion aux usages pratiqués dans les noces des Juifs : *Pouvez-vous faire jeûner les amis de l'époux? Peuvent-ils être dans le deuil pendant que l'époux est avec eux? Non : mais il viendra un temps où l'époux leur sera ôté, et ce sera en ce temps-là qu'ils jeûneront.*

LA PRIMITIVE ÉGLISE.

Et ces paroles se sont réalisées. L'Église veuve et les amis du céleste Époux remonté vers son Père se sont condamnés au deuil et aux jeûnes depuis que s'est voilée à leurs yeux la présence de Celui qui faisait toute leur joie. C'est par l'austérité que les disciples du Christ ont confondu la corruption des mœurs païennes et qu'ils se sont exercés au courage du martyre.

Nous allons essayer d'esquisser quelques traits de cette vie sobre et mortifiée qui fut celle des premiers chrétiens :

Écoutons d'abord ce qu'en dit l'Écriture :

Ils persévéraient dans la doctrine des apôtres, dans la communion de la fraction du pain et dans les prières. — Ceux qui croyaient étaient tous unis ensemble, et tout ce qu'ils avaient était commun. Ils vendaient leurs possessions et leurs biens, et ils les distribuaient à tous selon le besoin de chacun. Ils continuaient d'aller tous les jours, avec union d'esprit, dans le temple, et, rompant le pain de maison en maison, ils prenaient leur nourriture avec joie et simplicité de cœur, louant Dieu et étant aimés de tout le peuple. — Toute la multitude de ceux qui croyaient n'était qu'un cœur et qu'une âme, et aucun d'eux ne s'appropriait rien de ce qu'il possédait ; mais ils mettaient tout en commun. Il n'y avait point de pauvres parmi eux, parce que tous ceux qui avaient des terres et des maisons les vendaient et en apportaient le prix. Ils le mettaient aux pieds des apôtres, et on le distribuait à chacun selon son besoin[1]....

[1] Act., chap. ii et suiv.

Il ressort de ces quelques versets qu'une charité vraiment fraternelle, une grande simplicité de mœurs régnaient parmi les chrétiens de l'Église naissante de Jérusalem, et que cette charité et cette sainteté avaient pour base le détachement des biens de ce monde. Elles résonnaient encore à leur oreille, ces paroles du Sauveur : *Si tu veux être parfait, vends tout ce que tu as et viens me suivre*. Elles avaient pénétré jusqu'à leur cœur, et ils les mettaient littéralement en pratique.

Parmi les traits qui caractérisent ces premiers chrétiens, nous voulons surtout peindre la sobriété de leur vie. Leurs jeûnes étaient fréquents et consistaient à ne manger qu'une fois le jour, vers le soir, c'est-à-dire à ne faire qu'un souper, s'abstenir de vin et des viandes les plus délicates et les plus nourrissantes, passer la journée dans la retraite et la prière, et on y ajoutait toujours l'aumône.

On aurait cru rompre le jeûne en buvant hors le repas : témoin saint Fructueux, évêque de Tarragone, qui, allant au martyre, refusa ce léger soulagement, en disant qu'il n'était pas l'heure de rompre le jeûne. C'était un vendredi à dix heures du matin.

Dans les premiers temps on ne comptait pour jeûnes d'obligation, dans la loi nouvelle, que ceux qui précédaient la Pâque, c'est-à-dire le Carême. L'Église les observait en mémoire de la Passion de Jésus-Christ, appliquant ainsi ce qu'il avait dit qu'elle jeûnerait quand son époux lui serait ôté. Il y avait d'autres jeûnes qui n'étaient que de dévotion, tels que le mercredi et le vendredi de chaque semaine, les jeûnes commandés par les évêques pour les besoins extraordinaires des Églises, et ceux que chacun s'imposait suivant sa dévotion particulière.

Ces jeûnes différaient et on en comptait trois sortes :
les jeûnes de stations, qui ne duraient que jusqu'à none,
en sorte que l'on mangeait à trois heures après midi ;
on les nommait aussi demi-jeûnes. Le jeûne de Carême,
qui durait jusqu'à vêpres, c'est-à-dire environ à six heures du soir, vers le coucher du soleil. Le jeûne double,
ou renforcé, *superpositio*, dans lequel on passait un
jour entier sans manger. On jeûnait aussi le samedi
saint ; quelques-uns y ajoutaient le vendredi ; d'autres
allaient encore au delà, et l'histoire de saint Spiridion,
évêque de Trémithonte, dans l'île de Chypre, au commencement du quatrième siècle, nous apprend qu'il n'y
avait ni pain ni farine chez lui, non plus que chez les
voisins, durant la semaine sainte. Nous ne prétendons
pas proposer précisément pour modèles ces actes d'excessive austérité si éloignés de nos mœurs et qu'un climat plus doux que le nôtre pouvait, jusqu'à un certain
point, rendre supportables ; mais nous retraçons l'histoire, et nous pouvons du moins en tirer une utile leçon
qui condamne notre excessive délicatesse.

Les degrés d'abstinence étaient encore différents. Les
uns observaient l'*homophagie*, c'est-à-dire de ne rien
manger de cuit ; d'autres la *xérophagie*, c'est-à-dire
qu'ils se réduisaient à des aliments secs, s'abstenant
non-seulement de la viande et du vin, mais même des
fruits vineux et succulents, et ne mangeant avec le pain
que des noix, des amandes et des fruits analogues ;
d'autres se contentaient de pain et d'eau. On recommandait la xérophagie, principalement dans les temps
de persécutions, pour se préparer au martyre.

Mais, le jeûne à part, les repas des chrétiens étaient
toujours accompagnés de frugalité et de modestie ; on
leur recommandait de ne pas vivre pour manger, mais

de manger pour vivre ; de ne prendre de nourriture que ce qu'il faut pour la santé et la force nécessaire au travail ; de renoncer à toutes les viandes exquises, à l'appareil des grands repas, et à tout ce qui a besoin de l'art des cuisiniers. Ils prenaient à la lettre, et comme une règle générale, cette parole de saint Paul : *Il est bon de ne point manger de chair et de ne point boire de vin.* C'était principalement aux femmes et aux jeunes gens que l'on recommandait l'abstinence du vin ; et ceux qui en buvaient y mettaient toujours beaucoup d'eau. S'ils mangeaient de la chair de quelques animaux, c'était plutôt du poisson et de la volaille que de la grosse viande des bêtes à quatre pieds, qu'ils estimaient trop succulente et trop nourrissante. Plusieurs ne vivaient que de laitage, de fruits et de légumes ; encore trouvaient-ils les légumes, comme les pois, les fèves, les lentilles, trop nourrissants pour ceux qui voulaient dompter leur chair ; ils les réduisaient aux simples herbes avec le pain et l'eau, prenant encore à la lettre ce passage de saint Paul : *Que celui qui est faible mange des herbes !* On remarque de l'apôtre saint Matthieu qu'il ne vivait que d'herbes, de bourgeons et de grains [1].

Nous sommes loin aujourd'hui de prendre à la lettre les paroles de saint Paul et les exemples de saint Matthieu, mais si du moins nous savions en conserver l'esprit !

Les chrétiens des premiers âges vivaient donc sobrement et n'usaient que de mets très-simples, plutôt de ce qui se mange sans feu et sans apprêt. En simplifiant ainsi leur vie, ils gagnaient du temps pour la prière, du superflu pour leurs aumônes, et, libres de corps et d'esprit, se trouvaient prêts à toute bonne œuvre et prêts à répon-

---

[1] *Mœurs des Israélites et des Chrétiens.*

dre à l'appel de Dieu pour la persécution et le martyre.

Ils ne faisaient au plus que deux repas, condamnant absolument, d'après la doctrine des apôtres, ces collations après souper, qui faisaient passer les nuits en débauches. Le repas, quelque simple et léger qu'il fût, était toujours précédé et suivi de grandes prières.

Les chrétiens faisaient lire l'Écriture sainte et chantaient des cantiques spirituels au lieu des chansons profanes et des bouffonneries dont les païens accompagnaient leurs festins. Car ils ne condamnaient ni la musique ni la joie, pourvu qu'elle fût sainte et qu'elle eût Dieu pour objet ; et nous voyons, d'après les recommandations de saint Augustin, que l'usage du traditionnel gâteau des rois était dès lors généralement répandu.

Tous les autres usages des chrétiens étaient empreints de la même retenue et de la même simplicité : ils condamnaient par leur conduite le luxe que l'excessive richesse et la corruption avaient introduit dans l'empire romain. Voici les meubles que les persécuteurs trouvèrent dans la chambre d'une vierge chrétienne fort riche de Nicomédie : une croix, les Actes des Apôtres, deux nattes sur le plancher, un encensoir de terre, une lampe, un petit coffre de bois, contenant la sainte Eucharistie que, dans les temps de persécutions, les fidèles avaient l'insigne privilége de pouvoir garder dans leurs maisons pour se communier eux-mêmes.

Partant du même principe, les chrétiens rejetaient les habits de couleurs trop éclatantes, ainsi que les étoffes précieuses, telles que la soie, alors encore si rare qu'elle se vendait au poids de l'or, les bagues, les joyaux, la frisure, les parfums, etc., tout ce qui sent une trop grande recherche de soi-même était proscrit parmi eux.

Il y avait peu de divertissements à leur usage : ils

fuyaient tous les spectacles publics, soit du théâtre, soit de l'amphithéâtre, soit du cirque. Au théâtre se jouaient les tragédies et les comédies ; à l'amphithéâtre se faisaient les combats de gladiateurs ou de bêtes ; les cirques étaient pour les courses des chariots. Tous ces spectacles faisaient partie du culte des faux dieux et des pompes du démon ; c'était assez pour en bannir les chrétiens, mais ils les regardaient encore comme une grande source de corruption pour les mœurs. On ne doit point aimer, dit Tertullien, les images de ce qu'on ne doit point faire. Le théâtre était une école d'impudicité, l'amphithéâtre, de cruauté. Tous ces jeux fomentaient toutes sortes de passions. Ceux même du cirque, qui paraissaient les plus innocents, sont détestés par les Pères, à cause des factions qui y régnaient et qui produisaient tous les jours des querelles et des animosités furieuses, souvent même des combats sanglants. Enfin ils blâmaient la grande dépense de ces spectacles, l'oisiveté qu'ils fomentaient, la rencontre des hommes et des femmes qui s'y trouvent mêlés et disposés à se regarder avec trop de liberté et de curiosité.

Les chrétiens condamnaient aussi les dés et les autres jeux sédentaires, dont le moindre mal est d'entretenir la fainéantise. Ils blâmaient les grands éclats de rire et ce qui les excite, les bouffonneries déplacées et, à plus forte raison, les discours déshonnêtes ; ils ne voulaient pas même de ces paroles oiseuses, de ces commérages si ordinaires aux gens sans éducation, et surtout aux femmes, mais condamnés par saint Paul, qui dit que nos discours doivent être assaisonnés du sel de la grâce. C'est pour éviter tous ces écueils que le silence est si fort recommandé.

La récréation est un des besoins de l'homme, mais, pour

mériter véritablement ce nom, il faut qu'elle soit douce et paisible et ne devienne pas un exercice immodéré, plus fatigant que le travail lui-même. Saint Paul était loin de la condamner, puisqu'il exhortait les chrétiens à se réjouir. S'ils se privaient des plaisirs violents que recherchent la plupart des hommes, aussi étaient-ils exempts des chagrins et des autres passions qui les tourmentent, puisqu'ils vivaient sans ambition et sans avarice. N'étant point attachés aux biens de la vie présente, ils étaient peu touchés de ces calamités. Ils avaient la paix de la bonne conscience, la joie des actions vertueuses par lesquelles ils s'efforçaient de plaire à Dieu, et surtout l'espérance d'une autre vie, qu'ils regardaient comme proche ; car ils savaient que tout ce monde visible passe promptement, et les persécutions fréquentes les avertissaient de se tenir toujours prêts à paraître devant Dieu.

Les Israélites de l'ancienne loi mangeant, par l'ordre de Dieu, la Pâque debout, les pieds chaussés en voyageurs et le bâton de pèlerin à la main, étaient l'image de ces premiers chrétiens, qui se tenaient toujours en haleine, prêts à partir au signal divin pour le voyage de l'éternité

LES MOINES D'ORIENT

LES SOLITAIRES : SAINT ANTOINE, SAINT HILARION.

I

Lorsque les persécutions cessèrent, l'Église donna au monde un nouveau spectacle, aussi édifiant que celui des martyrs. On vit alors les déserts se peupler de solitaires, dont la vie ressemblait à celle des anges. Il y avait eu auparavant des chrétiens fervents, que l'on nommait *ascètes*, qui, renonçant aux affaires du monde, s'appliquaient aux exercices de la prière et de la mortification ; mais ils restaient seuls assez près des villes et des bourgades, au lieu qu'alors ils se rassemblèrent dans les déserts et formèrent des communautés.

Saint Antoine, qui fut l'auteur de cette nouvelle institution, était né en Égypte, de parents nobles, riches et vertueux, qui l'élevèrent chrétiennement et le préservèrent des dangers de la jeunesse ; mais il les perdit de bonne heure. Ayant un jour entendu lire dans l'église ces paroles de l'Évangile : « Si vous voulez être parfait, allez, vendez tout ce que vous avez, donnez-le aux pauvres, et vous aurez un trésor dans le ciel, » il se les appliqua à lui-même ; il retourna à sa maison, vendit tous ses biens et en distribua le prix aux pauvres. S'étant ensuite retiré dans une solitude, il s'occupa uniquement de son salut : il s'y exerçait aux œuvres de pénitence, mortifiant sa chair et menant une vie angélique dans un corps mortel ; il travaillait cependant des mains pour se procurer sa chétive nourriture et faire l'aumône. Animé d'une pieuse émulation, lorsqu'il entendait parler de quelque serviteur de Dieu, il allait aussitôt le trouver pour profiter de ses leçons et de ses exemples. C'est ainsi que toutes les vertus lui devinrent bientôt familières. L'ennemi du salut ne put voir sans dépit ce que présageaient de si heureux commencements : il eut recours à des tentations de tout genre pour le faire succomber. Le jeune solitaire surmonta toutes ses embûches par la prière et la mortification : son lit était une natte, et souvent il couchait sur la terre nue ; il ne mangeait qu'une fois le jour après le coucher du soleil, et seulement du pain avec un peu de sel ; il ne buvait que de l'eau ; son habit consistait en un cilice, une peau de mouton et un capuce.

Comme l'Esprit-Saint le destinait à peupler les déserts, il le porta à se retirer dans les lieux les plus écartés. Antoine passa le Nil et s'enfonça dans la Thébaïde. Après qu'il eut demeuré longtemps séparé du commerce des hommes, Dieu, qui voulait faire connaître son serviteur, l'honora du don des miracles. Les guérisons qu'il opérait lui attirèrent bientôt une foule de disciples qui demandaient à vivre sous sa conduite. On fut obligé de bâtir un grand nombre de monastères pour les recevoir. Antoine instruisait ses disciples tantôt en particulier, tantôt en commun, et il leur prescrivait les règles saintes qu'ils devaient observer. « Que le souvenir de l'éternité, leur disait-il, ne sorte jamais de votre esprit ; pensez tous les matins que vous ne vivrez peut-être pas jusqu'à la fin du jour ; pensez tous les soirs que peut-être vous ne verrez pas le lendemain. Faites chacune de vos actions comme si elle était la dernière de votre vie. Veillez sans cesse contre les tentations, et résistez courageusement aux efforts du démon ; cet ennemi est bien faible, quand on sait le désarmer : il redoute le jeûne, la prière, l'humilité, les bonnes œuvres ; il ne faut que le signe de la croix pour dissiper ses prestiges et ses illusions : oui, ce signe de la croix du Sauveur, qui l'a dépouillé de sa puissance, suffit pour le faire trembler. »

Formés par ses leçons, les disciples d'Antoine furent un objet d'admiration universelle ; voici le témoignage que leur rend entre autres saint Athanase, patriarche d'Alexandrie : « Leurs monastères, dit-il, sont comme autant de temples, où la vie se passe à chanter des psaumes, à lire, à prier, à jeûner, à veiller, où l'on met toute son espérance dans les biens à venir, où l'on est uni par une charité admirable, où l'on travaille moins pour son entretien que pour celui des pauvres : c'est comme une vaste région, entièrement séparée du monde, dont les heureux habitants n'ont d'autre soin que celui de s'exercer dans la justice et dans la piété. »

II

Ce que saint Antoine avait fait en Égypte, saint Hilarion, son disciple, le fit dans la Palestine et dans la Syrie. Il fut le premier qui y établit des monastères et forma des solitaires. Les parents d'Hilarion étaient idolâtres; mais, prévenu dès l'enfance des bénédictions de Dieu, Hilarion embrassa le christianisme à l'âge de douze ans. Du bourg de Tabathe, lieu de sa naissance, on l'envoya étudier à Alexandrie. Outre les sciences humaines, il y apprit la science inestimable du salut. Afin de s'y perfectionner de plus en plus, il alla trouver saint Antoine ; il demeura quelque temps auprès de lui. Sorti de cette excellente école, il revint dans sa patrie avec quelques moines, pour y pratiquer dans la solitude le même genre de vie. Son père et sa mère étant morts, il distribua tout son bien aux pauvres, et il se retira avec ses compagnons dans le désert, qui, commençant à la ville de Gaza, s'étendait fort au loin sur les rives de la mer.

Ce désert était plein de voleurs, qui en parcouraient sans cesse l'étendue pour surprendre les voyageurs, ou dépouiller les naufragés échoués sur la côte. Il n'y avait pas longtemps qu'Hilarion habitait ces rives désertes, lorsque ces brigands entrèrent dans sa cellule. Il les aborda d'un air si assuré qu'ils en furent surpris. « Vous ne nous craignez donc point? dit l'un d'eux. — Eh! pourquoi craindrais-je, dit Hilarion, puisque je ne possède rien? — Nous pouvons vous ôter la vie! — Quand on n'a d'attache à rien en ce monde, on craint peu de le quitter, » répliqua le solitaire. En effet, Hilarion n'avait pour vêtements qu'un sac et une tunique de peau que lui avait donnés saint Antoine; son lit consistait en une simple natte de jonc, étendue par terre; et sa cellule, à peine de la grandeur de son corps, ressemblait plus à un tombeau qu'à l'habitation d'un homme vivant. Six onces de pain d'orge et un peu d'herbes cuites étaient toute sa nourriture de chaque jour. Une vie si austère ne l'empêcha pas de parvenir jusqu'à l'âge de quatre-vingts ans. Son occupation était de labourer la terre et de faire des corbeilles de jonc; en travaillant, il méditait le sens des divines Écritures qu'il avait apprises par cœur.

Dieu, pour manifester la sainteté de son serviteur, lui accorda le don des miracles, et les guérisons qu'il opéra lui attirèrent une multitude de disciples. On vit bientôt la Palestine remplie de monastères. Il retira de l'idolâtrie plusieurs peuples, qui furent touchés des merveilles dont ils étaient témoins; mais, comme on troublait sa solitude par de fréquentes visites et qu'on affligeait son humilité par les marques de respect qu'on rendait à sa vertu, il s'en plaignait en disant : « Hélas! je suis revenu dans le siècle, et j'ai reçu une récompense en cette vie! » Il voulut passer dans un lieu où il fût inconnu; mais, la nouvelle s'en étant répandue, toute la Palestine en fut consternée comme d'un malheur public : en quelque endroit qu'il allât, on le suivait partout comme un homme de Dieu qui avait le pouvoir de guérir les malades, de chasser les démons et d'obtenir, par ses prières, la conversion des âmes. Il joignait toujours quelque instruction au bienfait.

Quoique sa vie eût été si pénitente et si remplie de bonnes œuvres, la crainte des jugements de Dieu le saisit aux approches de la mort, et il s'excitait à la confiance par ces paroles : « Sors, mon âme, sors ; pourquoi cette inquiétude et cette crainte ? Tu as eu le bonheur de servir Jésus-Christ pendant soixante et dix ans, et tu crains la mort ! »

RÉGIME DES SOLITAIRES D'ORIENT

La vie des solitaires avait pour objet de s'élever à la perfection chrétienne par la pratique des conseils évangéliques. Pour y parvenir, ils employaient quatre moyens principaux : la solitude, le travail des mains, le jeûne et la prière. Ils s'éloignaient de toute habitation et s'enfonçaient dans les déserts où l'on ne pouvait arriver qu'après plusieurs journées de chemin. Ces déserts n'étaient pas de vastes forêts ni des terres abandonnées que l'on pût défricher et cultiver ; c'étaient des lieux non-seulement inhabités, mais inhabitables, des plaines arides, des montagnes stériles, d'affreux rochers. Les solitaires s'arrêtaient dans les endroits où ils trouvaient de l'eau ; ils y bâtissaient de pauvres cellules de bois et de roseaux. Là, éloignés de tous les objets des passions, ils s'efforçaient d'acquérir cette pureté de cœur dont la récompense sera de voir Dieu ; ils s'exerçaient à détruire en eux tous les vices et à pratiquer toutes les vertus avec plus de liberté et de sûreté. Ils combattaient l'avarice par la pauvreté et par la fidélité à ne rien posséder en propre. Ils domptaient la paresse par un travail continuel ; ce travail n'occasionnait aucune dissipation et ne troublait point leur application à Dieu ; il consistait à faire des nattes et des corbeilles de jonc. Ils y trouvaient le double avantage d'éviter l'oisiveté et de se procurer de quoi vivre. Comme ils dépensaient peu, ils étaient même en état de faire des aumônes, et ils ne manquaient pas de distribuer aux pauvres ce qui leur restait chaque jour du prix de leurs ouvrages. Il jeûnaient toute l'année, excepté les dimanches et le temps pascal. Toute leur nourriture était du pain et de l'eau. La quantité de pain était réglée à une livre romaine, c'est-à-dire douze onces par jour ; et ils en faisaient deux petits repas, l'un à l'heure de none, l'autre au soir. Ils s'étaient bornés à cette mesure après de sages réflexions et guidés par l'expérience ; elle suffisait pour entretenir leurs forces et pour les rendre capables de travailler beaucoup et de dormir peu. En effet, ce régime austère prolongeait leur vie et fortifiait leur santé. Ils parvenaient ordinairement à une extrême vieillesse et n'éprouvaient aucune maladie.

La prière était réglée avec la même sagesse : ils ne s'assemblaient pour prier en commun que deux fois en vingt-quatre heures. A chaque fois ils récitaient douze psaumes, entremêlés d'oraisons, et ajoutaient à la fin deux leçons de l'Écriture. Les frères chantaient tour à tour chacun un psaume, étant debout au milieu de l'assemblée ; tous les autres écoutaient, assis et gardant un profond silence, sans se fatiguer la poitrine ni le reste du corps, ce que ne leur permettaient pas leur jeûne et leur travail continuel. Le reste du jour ils priaient en travaillant, enfermés dans leurs cellules. Ils avaient reconnu que rien n'est plus propre à fixer les pensées et à empêcher les distractions que d'être toujours occupé.

L'obéissance était le remède qu'ils apportaient à l'orgueil : ils étaient soumis comme des enfants à leurs supérieurs, quoiqu'il y eût des communautés très-nombreuses sous la conduite d'un même abbé ; car en peu de temps ils se multiplièrent extrêmement, et une vie si mortifiée devint assez commune parmi les fidèles[1].

LES MOINES D'OCCIDENT.

LES MONASTÈRES D'OCCIDENT : SAINT BENOIT ET SES DISCIPLES.

L'ordre de Saint-Benoît n'est pas le plus ancien des ordres monastiques occidentaux. Avant lui on y connaissait plusieurs monastères célèbres. Mais la plupart adoptèrent la règle de cet illustre abbé, qu'on peut regarder comme le législateur de la vie cénobitique en Occident.

Benoît naquit vers l'an 480 à Norsie (en Italie), de parents nobles. Dès qu'il fut en âge d'apprendre les sciences, on l'envoya à Rome pour y fréquenter les écoles publiques. Comme son cœur était resté pur, il craignit pour son innocence au milieu d'une troupe de jeunes gens qui menaient une vie fort déréglée. Il se retira dans une caverne fort étroite à quelques lieues de Rome, et y demeura trois ans, inconnu à tous, excepté à un saint moine qui lui apportait un peu de pain pour sa nourriture. L'éclat de sa sainteté finit par le faire découvrir, et il devint célèbre dans tout le voisinage. Alors les religieux d'un monastère voisin désirèrent ardemment l'avoir pour abbé. Il résista longtemps et leur prédit qu'ils ne s'accommoderaient pas de sa manière de vivre. La prédiction ne se

[1] *Histoire de l'Église.*

vérifia que trop : vaincu par leurs instances éitérées, il consentit à se charger de la conduite de ce monastère ; mais ces moines déréglés ne pouvant souffrir sa régularité, résolurent de se défaire de lui, et mirent du poison dans son verre. A l'heure du repas saint Benoît fit avec son verre le signe de la croix, selon sa coutume, et le verre se cassa avec bruit. L'homme de Dieu en comprit la cause et vit de quel péril il avait été préservé ; il se leva et dit aux religieux d'un ton calme : « Pourquoi, mes frères, avez-vous voulu me traiter ainsi ? Je vous avais bien prédit que vous seriez mécontents de votre choix ; cherchez donc un supérieur qui vous convienne. » Et il retourna dans sa première solitude.

Mais on sut bientôt l'y découvrir, et son désert se peupla de plusieurs personnes qui venaient le conjurer de les conduire dans les voies de Dieu ; il se vit obligé de les accepter pour disciples. Il construisit douze monastères, en chacun desquels il mit douze moines sous un supérieur, et retint auprès de lui ceux qui avaient encore besoin de ses instructions. Les jeunes gens venaient en foule le trouver, et les familles les plus illustres de Rome lui donnaient leurs enfants à élever. On comptait parmi ces enfants, Maur et Placide, fils de deux sénateurs. Ces jeunes gens, élevés à si bonne école, devinrent eux-mêmes de grands saints et en formèrent beaucoup d'autres. Un jour, le jeune Placide étant allé puiser de l'eau dans un lac s'y laissa tomber : saint Benoît, qui était dans le monastère, connut, par une lumière surnaturelle, ce qui venait d'arriver, et il dit à Maur : « Mon frère, courez vite ; le jeune Placide est tombé dans l'eau. » Maur courut avec empressement jusqu'à l'endroit du lac où l'eau avait entraîné son jeune condisciple. L'ayant pris par les cheveux, il revint avec la même diligence.

Lorsqu'il fut à terre, il regarda derrière lui et reconnut
seulement alors qu'il avait marché sur l'eau. Il vint faire
part de ce fait à saint Benoît aux prières duquel il
attribuait ce miracle ; mais le saint assura qu'il était dû
à son obéissance.

On rapporte encore qu'au moment de dire l'office du
soir, le frère, chargé du soin du luminaire, vint avertir
le saint abbé que l'huile manquait dans l'indigent monastère, et qu'il n'y en avait même plus du tout dans
la lampe destinée à brûler devant le Saint-Sacrement.
Sans s'émouvoir, Benoît ordonna d'allumer néanmoins
cette lampe, ce que le moine fit sans hésiter. A peine eut-
il rempli son office que l'huile vint à monter dans la
lampe, et en si grande abondance qu'elle déborda bien-
tot, et qu'on fut obligé d'aller chercher d'autres vases
pour la recueillir. Encore un de ces miracles dus à l'o-
béissance, qui devait être la vertu favorite des disciples de
saint Benoît.

L'austérité de sa vie n'empêchait pas le docte abbé
d'être accessible aux sentiments affectueux : il avait une
sœur, sainte Scholastique, qui avait eu comme lui le bonheur de se consacrer à Dieu dès sa jeunesse. Le frère et
la sœur s'aimaient tendrement, et se donnaient rendez-
vous tous les ans dans une maison peu éloignée de
leurs deux monastères, et qui dépendait de celui de saint
Benoît. Ces visites se passaient dans les louanges de
Dieu et dans des entretiens spirituels pleins d'édification
et de charme pour ces deux saintes âmes.

Scholastique étant venue un jour au lieu accoutumé
de leurs réunions, Benoît s'y rendit de son côté accompagné de quelques-uns de ses religieux. Après avoir
passé tout le jour en exercices de piété et en célestes
conférences, le frère et la sœur se mirent à table vers le

soir pour prendre leur réfection. Après le repas, Scholastique pria instamment son frère de demeurer cette
nuit avec elle, afin qu'ils pussent s'entretenir jusqu'au
lendemain matin du bonheur de la vie future. Benoît,
craignant de donner à ses disciples un exemple de relâ-
chement, dit qu'il ne pouvait passer la nuit hors de son
monastère. Alors, Scholastique, mettant ses mains jointes sur la table, et baissant la tête sur ses mains, se mit
à prier Dieu avec larmes. A peine s'était-elle relevée
qu'un orage violent se déchaîna, accompagné d'éclairs,
de tonnerre et d'une pluie torrentielle, si bien que saint
Benoît et les frères qui étaient avec lui furent contraints
par force majeure de demeurer où ils se trouvaient.
« Dieu vous le pardonne, ma sœur, lui dit Benoît, mais
qu'avez-vous fait ? — Je vous ai demandé une grâce, ré-
pondit-elle ; vous me l'avez refusée : j'ai prié le Seigneur,
et il m'a exaucée. » Selon le désir de la sainte, ils
passèrent la nuit à s'entretenir de la vie spirituelle. Ce
fut leur suprême et dernier entretien : trois jours après,
Benoît étant dans son monastère vit comme une blanche
colombe prendre son essor vers le ciel, et il comprit que
l'âme de Scholastique venait de se réunir à Dieu. Il en
rendit grâces, déclara cette mort précieuse à ses frères,
et les envoya chercher la dépouille de sa sœur qu'il fit
mettre dans le tombeau préparé pour lui-même, afin que
leurs corps fussent unis après la mort, comme leurs cœurs
l'avaient été pendant leur vie.

Le principal établissement de saint Benoît fut le monastère du Mont-Cassin. Il était situé au royaume de
Naples, et devint comme le centre de son ordre. Quand
le saint abbé s'y rendit pour la première fois, il restait
sur cette montagne un ancien temple d'Apollon, que les
paysans des environs adoraient encore. Benoît y étant

arrivé brisa l'idole et l'autel ; il vint à bout par ses discours et par ses miracles de convertir ce pauvre peuple. Dieu accorda encore à son serviteur le don de prophétie, et rendit sa sainteté manifeste par un grand nombre de merveilles. Totila, roi des Goths, frappé de tout ce qu'on lui racontait du saint abbé, voulut le voir : il vint au Mont-Cassin, et, pour éprouver s'il connaissait les choses cachées, il fit savoir au saint homme qu'il allait le visiter, mais il envoya d'abord au monastère un de ses officiers, qu'il fit revêtir de ses habits royaux et accompagner d'un nombreux cortége. Benoît, qui n'avait jamais vu Totila, ne prit point le change ; dès qu'il aperçut l'officier, il lui cria : « Quittez mon fils, quittez l'habit que vous portez ; il ne vous convient pas. » Cet officier, et tous ceux qui l'accompagnaient, saisis d'étonnement, allèrent dire à Totila ce qui leur était arrivé. Alors ce prince, ne doutant plus qu'il n'y eût quelque chose de merveilleux dans cet homme extraordinaire, y alla lui-même. Il l'aborda avec une crainte respectueuse, se prosterna à ses pieds, et y resta jusqu'à ce que le saint homme l'eût relevé. Saint Benoît lui donna des avis salutaires et lui prédit les principaux événements de sa vie. Le conquérant se recommanda à ses prières, et se montra dans la suite plus humain qu'il n'avait été jusqu'alors. Peu de temps après, quand il eut pris la ville de Naples, il traita les prisonniers avec une bonté que l'on n'eût pas attendue d'un conquérant barbare.

Saint Benoît prédit sa propre mort quelque temps avant la maladie dont il fut attaqué. Il mourut à soixante-trois ans. De son vivant, plusieurs de ses disciples étaient venus fonder en France des monastères de son ordre, et ils exercèrent autour d'eux l'influence la plus civilisatrice. Nous l'avons dit, saint Benoît a laissé à ses disciples une règle admirable : on y voit un homme consommé dans la science du salut, et suscité par l'esprit de Dieu pour conduire les âmes à la plus haute perfection. Le pape saint Grégoire en a spécialement fait l'éloge; le célèbre Côme de Médicis et plusieurs autres habiles législateurs lisaient souvent cette règle, et la regardaient comme un riche fonds de maximes propres à former dans l'art de bien gouverner les hommes. Aussi, l'ordre des Bénédictins devint-il une source d'avantages précieux en tous genres : outre les grands exemples de vertu qu'on y vit briller, c'est à ces religieux que l'on doit la conservation des livres de la bonne antiquité ecclésiastique et profane, qui sans leurs soins ne seraient point parvenus jusqu'à nous. Ce sont leurs soins éclairés, leurs infatigables travaux qui nous ont transmis à travers les âges barbares le dépôt des connaissances humaines. Il faut être bien ignorant pour méconnaître les services rendus par les moines à la science et à l'humanité. C'est une calomnie que de les signaler comme des hommes inutiles, des obscurantistes, des ennemis du progrès.

Mais ces soins intelligents, ces études, dont nous profitons aujourd'hui, ces travaux gigantesques poursuivis avec une constance à laquelle des efforts individuels ne sauraient parvenir, les Bénédictins ne les eussent jamais exécutés, jamais menés à bonne fin surtout, sans cette vie laborieuse et mortifiée, cette vie humble et obéissante, ce concours d'efforts mutuels soutenus par une règle austère qui leur a fait accomplir, dans l'oubli d'eux-mêmes et avec la grâce de Dieu, ce dont ne seront jamais capables des hommes mous, sensuels, amis du plaisir et de l'indépendance, comme on en voit tant aujourd'hui. Si ceux-ci travaillent, ils n'ont en vue que la graisse de la terre, et les fruits avortés de leur travail périssent avec eux.

SAINT BRUNO ET LES CHARTREUX.

II

Nous avons sous les yeux plusieurs versions de la vie
de saint Bruno. Toutes s'accordent sur les vertus et les
actes de l'illustre fondateur de la Grande-Chartreuse-
mais la plupart se taisent sur la partie légendaire et mer,
veilleuse de cette histoire, et plusieurs personnes me
conseillent de n'en rien dire non plus. Mais, pour émet-
tre ici toute ma pensée, la vie des saints, dépouillée de
merveilleux, me paraîtrait incomplète et même invrai-
semblable, et, comme le dit aussi M. Louis Veuillot, « je
tiens à ce prodige. » Celui dont il est ici question a été
vivement contesté et vivement affirmé. « Les preuves
apportées de part et d'autre, dit encore le même écrivain,
ont paru égales à la critique sévère des Bollandistes, ils
n'ont admis ni rejeté le fait. L'Église n'a rien prononcé ;
mais la conviction de beaucoup de chrétiens est entraî-
née par un témoignage sérieux : c'est la tradition de tout
temps existant dans l'ordre des Chartreux, qui attribue à
ce prodige la retraite de saint Bruno. »

Ajoutons que les tableaux de Lesueur, que l'on peut
voir dans le salon du Musée du Louvre, ont popularisé
cette légende. Et c'est en nous fondant sur les témoignages que nous venons de citer que nous esquisserons
les traits suivants :

Bruno naquit à Cologne en 1024. Il commença ses études de théologie à Reims et vint les compléter ensuite à
Paris. Bientôt, célèbre par sa vertu et son savoir, Bruno,

rappelé à Reims, y trouva une tâche difficile. Dieu qui, dans ce temps-là, voulut éprouver beaucoup son Église, permit que le siége épiscopal fût occupé par un audacieux impie, homme perdu de mœurs, qui avait acheté à beaux deniers la houlette du pasteur pour tondre et vendre les brebis, non pour les conduire et les préserver. Le jeune docteur fit éclater cette indignation et cette vigueur évangéliques qui ne manquèrent jamais à l'Église, alors même que dans son propre sein éclatèrent les désordres les plus navrants. Il dénonça l'archevêque au tribunal ecclésiastique institué pour réprimer la conduite du haut clergé. La lutte dura longtemps, elle remplit d'angoisses et d'amertumes près de vingt années de la vie de Bruno; mais il la soutint jusqu'au bout. Enfin, le simoniaque fut puni. Le peuple et le clergé voulurent alors élever à la place de ce méchant celui qu'ils regardaient, après Dieu, comme le libérateur de leur église. Bruno, craignant même la gloire qu'on attache au refus des grandeurs, se hâta de fuir à Paris pour échapper, en s'isolant et en se cachant dans la foule, aux honneurs qui menaçaient son humilité.

Ce fut là qu'un événement surnaturel, horrible, dont il fut le témoin, décida de la vocation de Bruno à une vie encore plus parfaite. On comprend effectivement l'impression qu'il dut en ressentir, et l'on s'explique la terreur qui le porta à vouloir mettre en assurance dans le désert son salut qu'il voyait trop exposé au milieu du monde.

Bruno avait alors plus de cinquante ans. Toujours modeste, toujours avide d'apprendre, il suivait avec assiduité les leçons d'un théologien célèbre, dont le talent et la réputation de piété l'attiraient également. Cet homme, qu'on nommait Raymond Diocrès, mourut. Ses

disciples lui firent de pompeuses funérailles dans l'Église
N .tre-Dame de Paris, dont il était chanoine, et l'un
d'eux prononça devant le cercueil l'oraison funèbre du
défunt; mais, au moment où le panégyriste cherchait
à peindre la félicité qu'un si grand orateur et un homme
si pieux devait goûter dans le séjour des justes, voilà
que la bière s'ouvre, le mort se soulève, et qu'en dépit
des louanges menteuses qui n'avaient que trop enivré sa
vie et qui retentissaient encore autour de sa dépouille
mortelle, il jette lentement, d'une voix sépulcrale, et à
reprises différentes, ces formidables paroles : « Je suis
accusé... Je suis jugé... Je suis condamné !!!... » Puis
il se recouche, et la bière du damné se referme sur lui
comme la voûte éternelle de l'enfer.

Ce miracle dut pénétrer d'horreur toute l'assistance.
Chacun, se condamnant aussi soi-même, se frappait la
poitrine et s'examinait avec une profonde crainte en
voyant la sévérité des jugements de Dieu, et tremblant
d'être dans une voie fausse comme le malheureux chanoine Diocrès. Chez quelques-uns, peut-être, cette émotion, d'abord profonde, put finir par s'affaiblir à la longue; il n'en fut pas ainsi de Bruno. « Si ces hommes que
nous admirons et qui nous servent de modèles sont ainsi
punis, dit-il, que fera donc de nous la justice de Dieu?»

Ces paroles trouvèrent un écho dans les cœurs de ceux
qui l'entouraient. Sur-le-champ il partit avec quelques
disciples pour aller vouer à la pénitence le reste de leurs
jours. S'étant soumis à la conduite de saint Hugues, évêque de Grenoble, ce prélat les conduisit lui-même dans
une affreuse solitude, au milieu des forêts alpestres du
Dauphiné. Ce désert s'appelait *la Chartreuse ;* c'est de là
que l'ordre prit son nom; car Bruno, poussant l'humilité aussi loin qu'elle pouvait aller, ne songeait point à

fonder un ordre ; ses compagnons ne reçurent de lui ni nom ni lois écrites. Il adopta la règle de saint Benoît, mais en doublant sur beaucoup de points les sévérités de cette loi, déjà si dure.

Le saint était heureux dans sa solitude ; il espérait y mourir au milieu de ses frères, dont le nombre s'accroissait, lorsque le pape Urbain II, autrefois son écolier, lui ordonne de se rendre à Rome. Bruno craignait la désobéissance encore plus que les honneurs. Il quitta sans plaintes le désert et ses compagnons attristés, se regardant comme un instrument docile entre les mains du chef de l'Église, et toujours prêt à se briser au labeur que lui indiquerait le vicaire de Jésus-Christ. Les mauvaises mœurs au sein même du clergé, la simonie, les guerres, les révoltes, les schismes, les hérésies, un antipape, n'étaient qu'une partie des maux à combattre. Urbain, qui mit tant de vertu et de courage du côté du bon droit, gouverna sagement et dignement la chrétienté durant ces jours terribles. Les conseils de Bruno l'y servirent beaucoup. Mais que d'agitations remplacèrent pour lui les calmes méditations de la Chartreuse ! Toujours courir d'un concile à l'autre, toujours quelque doute à résoudre, quelque erreur à vaincre, quelque immense embarras à dissiper. Cette époque fut véritablement pour lui le temps de la pénitence et de l'expiation. Enfin le moment vint où ses services lui parurent moins utiles. Après avoir refusé successivement le chapeau de cardinal et l'archevêché de Reggio, il accepta du pieux duc Roger un coin de terre au sein des montagnes, et, ne pouvant retourner à son cher désert de Grenoble, il fonda parmi les rochers de la Calabre un nouvel asile, image de celui qu'il regrettait.

La mort vint trouver Bruno au sein de la prière, et

mit doucement fin à ses austérités, que la vieillesse n'avait point ralenties. Ce fut en 1102, il était âgé de 78 ans. Sur son tombeau, sanctifié par de nouveaux miracles, la justice et la reconnaissance écrivirent après plusieurs siècles le glorieux titre de patriarche, décerné à tous les fondateurs d'ordres.

II

Nous devons entrer dans quelques détails sur le régime de vie imposé à ses disciples par saint Bruno.

Ils se bâtirent des cellules qui formaient autant de petites maisons séparées. Cette disposition, encore suivie de nos jours, est commandée par une des plus grandes rigueurs de la règle, qui prescrit l'isolement complet. Rien de frugal comme leur nourriture ! et quoi de plus pénible que l'obligation où ils sont de se lever toutes les nuits à onze heures pour chanter au chœur jusqu'à deux heures du matin ! Leur lit était une paillasse piquée entre deux planches.

Pendant toute la semaine, les premiers habitants de la Chartreuse ne sortaient point de leurs cellules, dont chacune était accompagnée d'un petit jardin qu'ils cultivaient eux-mêmes ; mais ils passaient le dimanche ensemble. En se séparant, chacun emportait un pain et des légumes pour se nourrir jusqu'au dimanche suivant. Chez eux, tout annonçait la pauvreté, même dans leur église, où l'on ne voyait ni or, ni argent, excepté un calice de vermeil ; ils n'entendaient la messe que les dimanches et fêtes ; le silence qu'ils gardaient était si profond, qu'ils ne demandaient que par signes les choses dont ils avaient absolument besoin. Ils portaient toujours sur la chair un cilice, et leurs vêtements étaient d'une étoffe grossière et fort commune ; ils étaient riches en livres, et leur travail consistait à les copier. Comme l'imprimerie n'était point inventée, un grand nombre de personnes subsistaient alors de cette occupation. Les Chartreux s'en occupaient surtout pour l'instruction des peuples et pour éviter le reproche d'être inutiles à l'Église.

L'évêque de Grenoble, charmé de voir s'établir auprès de lui ce nouveau peuple de saints, allait souvent les visiter sans être rebuté par la difficulté des chemins. Il avait pour ces admirables solitaires une vénération singulière, et vivait avec eux moins comme leur évêque que comme leur confrère ; il ressentait au fond de son cœur une joie indicible, lorsqu'il apprenait que quelqu'un était venu se joindre à ces nouveaux disciples de la croix ; cette joie se renouvelait souvent : on vit des hommes de tout âge, attirés par l'odeur de sainteté que répandaient les habitants de la Chartreuse, des enfants même de douze ans, courir au désert et se faire les imitateurs de leurs vertus.

Bientôt de nombreux monastères de Chartreux se formèrent en divers pays. Le comte de Nevers, seigneur d'une exemplaire piété, accourut comme les autres à cet asile de la pénitence ; après un assez long séjour, il en sortit plein d'admiration pour les sublimes vertus qu'il y avait vu pratiquer. De retour à son château, et pensant à l'extrême pauvreté des solitaires, il leur envoya beaucoup de vaisselle d'argent. Bruno et ses disciples ne purent souffrir que le trésor de la pauvreté leur fût enlevé ; ils s'assemblèrent et convinrent que cette argenterie serait renvoyée au comte, parce qu'ils ne faisaient usage de ce métal ni dans l'église ni dans le monastère.

Ce seigneur admira leur désintéressement, et leur fit

passer une grande quantité de cuir et de parchemin pour servir à leurs travaux.

Depuis qu'ils ne sont plus copistes, presque tous les Chartreux sont tourneurs. Ils fabriquent de petits ouvrages qu'ils vendent quand la maison est pauvre ; qu'ils donnent avec la permission du prieur quand la maison peut s'en passer.

A l'époque de sa mort l'ordre de saint Bruno avait déjà fait de grands progrès. Quelque temps après il se répandit en Italie, en France, en Espagne. Les deux plus célèbres établissements en France furent à Paris, dans la rue d'Enfer, sur l'emplacement d'une partie des jardins du Luxembourg, et à Lyon sur la colline de la Croix-Rousse, du côté de la Saône. On sait ce que la Révolution a fait de ces pieux asiles.

La grande Chartreuse du Dauphiné subsiste toujours. Là, et dans les autres maisons du même ordre, la règle s'observe dans sa rigueur primitive. Si le temps l'a modifiée sur quelques points, il ne l'a pas adoucie. Le tableau que nous venons de tracer et qui date de bientôt huit cents ans, s'offre encore tout semblable aux nombreux pèlerins qui viennent demander et recevoir une cordiale hospitalité dans ces saintes maisons, où elle est toujours pratiquée, et d'où l'on ne sort jamais sans être profondément édifié

UN MOINE ENCLIN A LA PARESSE

Qu'on nous permette ici un petit épisode qui, sans sortir de notre sujet, y apportera une agréable diversion. C'est encore M. Veuillot, à qui nous avons emprunté quelques traits du chapitre précédent, qui, dans ses *Pèlerinages en Suisse,* raconte cette histoire :

« Il y a peu de temps vivait à la Part-Dieu un Père
que le plus invincible penchant au sommeil contrariait
étrangement. Avec la meilleure volonté du monde, il ne
pouvait s'éveiller à onze heures pour aller chanter ma-
tines. Or, la nature qui l'avait fait si dormeur l'avait
fait aussi très-bon mécanicien. Sans études, sans notion
aucune des mathématiques, à force de réflexion et de
travail, il avait fabriqué une horloge parfaite. Il ajouta
d'abord à la sonnerie, en forme de réveille-matin, un
rude carillon qui fut insuffisant, et bientôt, aux angles
et au milieu du petit chapiteau qui couronnait le cadran,
un merle, un coq et un tambour. A l'heure dite, tout
cela faisait tapage ; pendant quelques nuits les choses
allèrent bien. Mais au bout d'un certain temps, quand
venaient onze heures, le carillon carillonnait, le merle
sifflait, le coq chantait, le tambour battait..... et le
moine ronflait. Un autre se serait découragé. Le Père,
invoquant son génie, machina bien vite un serpent, qui,
placé sous sa tête, venait toujours à onze heures lui siffler
dans l'oreille : « Il est temps, levez-vous ! » Le serpent
fut plus habile que le merle, le coq, le tambour, le carillon, lesquels n'en faisaient pas moins d'ailleurs un petit tintamarre supplémentaire. C'était merveille, et le
Chartreux ne manquait jamais de se réveiller. Hélas !
au milieu de sa joie, il fit une triste découverte. Il ne
s'était cru que dormeur, il se reconnut paresseux. Tout
éveillé qu'il était, il hésitait à quitter sa dure couchette ;
il perdait bien une minute à savourer la douceur de se
sentir au lit, refermant un œil et jouant à dormir. Cela
demandait réforme. Le religieux se sentait coupable, et
le mécanicien se trouvait humilié ; le diable avait trop
l'air de narguer l'un et l'autre, il fallait reprendre le dessus. Aussitôt une lourde planche est disposée au-dessus

du lit, de telle sorte qu'elle tombe rudement sur les pieds du paresseux, dix secondes après l'avertissement charitable du serpent. Plus d'une fois le pauvre Père se rendit au chœur tout boiteux et meurtri. Eh bien ! le croirait-on ? Soit que le serpent eût perdu son fausset, que la planche avec le temps fût devenue moins pesante, le vieillard plus dormeur ; soit que ses jambes fussent endurcies, ou qu'il eût pris la criminelle habitude de les retirer avant que le châtiment tombât, il ne tarda pas à sentir la nécessité d'une autre invention, et tous les soirs, avant de se coucher, il se lie au bras une forte corde qui, à l'heure fatale, se tend sans crier gare et le jette à bas du lit.

« Il en était là. Dieu sait quels nouveaux projets homicides il roulait dans sa tête, lorsqu'il se sentit endormir pour toujours...... Endormir, oh ! non ; le fervent chrétien n'en jugea pas de la sorte, et malgré son petit péché de paresse, plein de confiance en Celui qui pardonne : « Ah ! s'écria-t-il, je m'éveille enfin ! » Ce fut son dernier mot.

« Ce Père ne se borna point à fabriquer des engins contre le sommeil. Il exécuta plusieurs travaux pour le couvent ; entre autres une sorte d'horloge-almanach-bréviaire en carton, qui, dans son genre, est une merveille. Heures, minutes, secondes, jours, semaines, mois, années, comètes, planètes, phases de la lune, jours fériés, jours d'abstinence pour les Chartreux (et qu'il y en a !), jours de saints, je ne sais ce que ce cadran ne marque pas. Mais la plus curieuse de ses inventions, c'est un orgue touché par une main mécanique, qui accompagnait de lui-même divers chants simples de l'office divin. »

LES CISTERCIENS. — SAINT BERNARD. — CLAIRVAUX. — LES TRAPPISTES.

I

L'ordre de Cîteaux fut établi tout au commencement du xii° siècle. Saint Robert, qui le fonda, avait embrassé l'état religieux dès l'âge de quinze ans. Dans le dessein de garder une retraite plus exacte, et de pratiquer la règle de saint Benoît sans aucun adoucissement, il alla s'établir, avec quelques compagnons de sa ferveur, dans la forêt de Cîteaux, à cinq lieues de Dijon. C'était un désert dont la seule vue inspirait l'effroi, et qui n'était habité que par des bêtes sauvages ; mais moins cette solitude avait d'attraits, plus elle paraissait favorable au désir qu'avaient les pieux cénobites de ne vivre que pour Dieu loin de tous regards humains. Ils se mirent à défricher la terre, et ils y construisirent des cellules de bois pour se loger. C'était plutôt un amas de cabanes qu'un monastère. Là, ces saints religieux immolaient sans cesse leurs corps à Dieu par les rigueurs de la pénitence et leurs cœurs par le feu de la charité. Souvent ils manquaient de pain, parce que le travail ne suffisait pas pour leur procurer le nécessaire ; cependant ils refusèrent les riches présents que le duc de Bourgogne voulait leur faire, tant ils estimaient la pauvreté.

Quoique ce nouvel institut fût très-renommé pour sa ferveur, il demeura plusieurs années sans faire de progrès sensibles. C'était un arbre qui jetait de profondes racines avant de s'élever et d'étendre ses branches. Mais Dieu devait le relever par tout ce que la vertu, le savoir

et l'éloquence peuvent avoir de plus éclatant aux yeux
des hommes. Nous voulons parler de saint Bernard.

II

Bernard était un jeune seigneur, pourvu des plus
heureux dons, et qui avait fait très-jeune de brillantes
études : dès son enfance, il aimait la retraite, parlait
peu, méditait beaucoup.

Les périls dont il trouvait le monde rempli le firent
penser de bonne heure à chercher un abri contre ses
dangers. Il n'en trouva point de plus sûr que le nouveau
monastère de Cîteaux. Ses frères et ses amis, s'en étant
doutés, firent tous leurs efforts pour l'en détourner. Il
faillit se laisser ébranler par leurs conseils ; mais il eut la
sagesse de recourir surtout aux conseils de Dieu, et, étant
entré à cet effet dans une église, il y pria avec un cœur
sincère en versant d'abondantes larmes, et en sortit raf-
fermi dans sa résolution. Non content de penser à se
sauver lui-même, il travailla à sauver aussi les autres, à
commencer par ses frères. Il les gagna tous, ne laissant
que le plus jeune pour la consolation du père, déjà
avancé en âge. Il parlait avec tant d'efficacité, et ses
discours avaient une telle énergie, qu'on ne pouvait lui
résister. En sorte que les mères retenaient leurs enfants,
les femmes retenaient leurs maris, les amis détournaient
leurs amis de ses entretiens. Ceux qu'il avait rassemblés n'étaient qu'un cœur et qu'une âme. Ils demeuraient
ensemble dans une maison, où ils restèrent environ six
mois en habits séculiers, en attendant que tous eussent
pris leurs derniers arrangements.

Le jour étant venu d'accomplir le vœu qu'ils avaient

fait, les cinq frères sortirent ensemble de la maison de leur père, dont ils étaient venus recevoir la bénédiction. L'aîné, voyant dans la rue leur plus jeune frère, qui jouait avec d'autres enfants, lui dit : « Mon frère, c'est à vous qu'appartiendront tous nos biens sur la terre. — Oui, répondit-il, le ciel pour vous, et la terre pour moi ! Le partage n'est pas égal ! » — Il partit quelque temps après pour les suivre, sans que son père ni ses amis pussent le retenir.

Ainsi Bernard, à l'âge de vingt-deux ans, sortit du monde en triomphe, à la tête de plus de trente gentilshommes, la fleur de la noblesse de la province. Ils entrèrent tous de concert à Cîteaux, et se mirent sous la conduite de l'abbé Étienne, précisément au moment où ces saints religieux, qui étaient en petit nombre, faisaient des prières et versaient des larmes pour demander à Dieu des condisciples.

Dans le sein de la solitude, saint Bernard goûtait les douceurs de la contemplation et de l'amour divin ; il craignait tellement d'en être détourné, qu'il ne donnait aucune liberté à ses sens ; il était si peu délicat sur sa nourriture, qu'il avala un jour, sans s'en apercevoir, un verre d'huile croyant boire de l'eau et du vin : saint François de Sales, qui rapporte ce fait, témoigne faire plus de cas de cette indifférence que si Bernard eût pris par choix la boisson la plus amère. Tout absorbé en Dieu, il voyait sans voir et entendait sans entendre. Pour se ranimer de plus en plus dans l'amour divin et la pratique des plus grandes austérités, il se disait souvent à lui-même : « Bernard, qu'es-tu venu faire ici ? » Tous ses compagnons admiraient et suivaient son exemple ; ce monastère était une image du ciel et le séjour des anges terrestres.

III

L'exemple de saint Bernard attira un si grand nombre de religieux dans la maison de Cîteaux, que, pour la décharger, on fonda plusieurs abbayes, entre autres celle de Clairvaux.

La terre de Clairvaux fut donnée aux solitaires de Cîteaux par Hugues, comte de Troyes. C'était auparavant une retraite de voleurs, et elle se nommait la Vallée d'Absinthe, sans doute parce que cette plante y croissait en abondance. L'abbé Étienne y envoya plusieurs de ses religieux, sous la conduite du jeune Bernard, qui n'avait encore qu'une année de profession, mais déjà mûri dans la science des voies divines.

Le petit nombre de religieux amenés à Claivaux par le saint abbé s'accrut bientôt considérablement. Le seul attrait de la sainteté pouvait y conduire. Bernard avait coutume de dire aux postulants : « Si vous voulez entrer ici, laissez à la porte le corps que vous avez apporté du siècle ; elle n'est ouverte que pour l'âme seule. » En effet, la règle qu'on y observait était extrêmement austère. Ce nouveau monastère était réduit à une si grande pauvreté, que les moines étaient souvent obligés de faire leur potage avec des feuilles de hêtre, et de se nourrir d'un pain formé des graines les plus grossières.

Comme l'hiver approchait, Gérard, frère du jeune abbé Bernard, qui remplissait les fonctions de cellerier, se plaignit d'un manque absolu des choses les plus nécessaires à la maison, et de n'avoir aucun moyen de se les procurer. Des paroles de consolation ne le satisfaisaient pas ; car si l'*homme ne vit pas seulement de pain*, il ne peut se soutenir non plus uniquement avec une nourriture spirituelle. « Combien vous faudrait-il pour fournir aux besoins les plus pressants ? demanda le P. Bernard. — Environ douze livres, » répondit Gérard. On ne saurait avoir des exigences plus modestes, toutefois, observons, pour être dans le vrai, que douze livres tournois valaient en ce temps au moins vingt fois autant qu'aujourd'hui. — Bernard se met en prières, et, peu de temps après, Gérard vient l'avertir qu'une femme de Châtillon demande à lui parler. Il se présente ; cette femme se jette à ses pieds, et lui offre la somme de douze livres, en lui demandant des prières pour son mari dangereusement malade. «Allez, lui dit Bernard en recevant son offrande, vous trouverez votre mari en bonne santé. » Cette femme, à son retour, trouva effectivement son époux parfaitement guéri.

On voyait à Clairvaux des hommes qui, après avoir été riches et honorés dans le monde, se glorifiaient de la pauvreté évangélique qu'ils avaient embrassée, se livraient aux travaux les plus pénibles, et supportaient, avec une admirable patience, la faim, la soif, les persécutions et les outrages. En descendant de la montagne pour entrer à Clairvaux, on comprenait aussitôt, en voyant la simplicité des bâtiments, que Dieu y habitait. Dans cette vallée pleine d'hommes dont chacun se livrait au travail qui lui était prescrit, on trouvait, au milieu du jour, le silence de la nuit ; silence qui n'était interrompu que par le bruit des travaux ou par le chant de l'office divin. Ce silence imprimait un tel respect aux gens du monde, qu'ils n'osaient tenir en ces lieux aucun discours qui ne fût convenable.

Malgré leur multitude, ces moines ne cessaient point d'être solitaires, parce que la loi du silence maintenait

chacun d'eux dans la solitude de l'esprit et du cœur. A
peine pouvaient-ils, par le travail le plus rude et le plus
opiniâtre, tirer de cette terre stérile une insipide nourriture. Cependant ils la trouvaient suffisamment bonne,
et leur singulière ferveur, l'esprit de pénitence dont ils
étaient pénétrés, leur faisaient regarder comme un dangereux poison tout ce qui flatte le goût. Par les soins et les
exemples de leur abbé, ils s'élevèrent à un si haut degré
de perfection, qu'ils souffraient non-seulement sans
murmure, mais encore avec joie, ce qui auparavant leur
eût paru insupportable. Ce plaisir même qu'ils trouvaient
dans leurs peines leur causait quelque inquiétude. Guillaume de Champeaux, évêque de Châlons, se réunit à
saint Bernard pour leur faire comprendre que cette joie
spirituelle était un don de Dieu qui méritait toute leur
reconnaissance.

Dans la suite, le saint eut beau se tenir caché et sou-
pirer après la solitude, la Providence l'appela au secours de son Église, à la conversion des pécheurs, au salut des peuples auxquels il consacra désormais le reste
de sa vie. Au milieu de ses occupations différentes, de
ses travaux immenses, il conservait toujours l'esprit intérieur et une union intime avec Dieu.

IV

On cite de saint Bernard plusieurs miracles : le premier se fit en faveur d'un gentilhomme, parent du saint
abbé. Ce gentilhomme tomba malade et perdit tout à
coup la connaissance et la parole. Sa famille était
fort alarmée, parce que le malade avait autrefois
commis des injustices. On appela saint Bernard, qui as-

sura que la connaissance reviendrait au malade, si l'on
réparait les torts qui avaient été faits. On s'empressa de
se conformer à cette injonction, et le saint abbé alla
offrir le divin sacrifice. Avant que la messe fût achevée,
le malade commença à parler librement et demanda à
se confesser. Il fit en effet sa confession en répandant
beaucoup de larmes, il reçut les sacrements, et trois
jours après il expirait dans de grands sentiments de pénitence. — Une femme vint un jour trouver le saint abbé,
et lui présenta un enfant dont la main était desséchée, et
le bras tourné depuis sa naissance. Saint Bernard eut
compassion de cette femme, et lui dit de mettre cet enfant
à terre ; puis, ayant adressé à Dieu une prière fervente, il
fit le signe de la croix sur le bras de l'enfant, qui fut
guéri à l'instant. Le bruit de ces miracles s'étant ré--
pandu, on lui amenait de fort loin des malades de
toute espèce, des aveugles, des paralytiques, et il les
guérissait en les touchant, ou en faisant sur eux le signe
de la croix.

Les conversions qu'il opéra n'étaient pas des prodiges
moins surprenants. On ne résistait point à son éloquence
persuasive, ou plutôt à l'esprit divin qui l'animait. Une
troupe de jeunes seigneurs, qui allaient chercher des fêtes
et des divertissements, eurent la curiosité de voir en passant la maison de Clairvaux. Le saint abbé les reçut avec
bonté ; et, pour les détourner des plaisirs dangereux où
ils couraient, il les invita à demeurer auprès de lui quelques jours, jusqu'au Carême, qui était proche ; mais il
ne put rien gagner sur eux. « J'espère, leur dit-il, que
Dieu m'accordera ce que vous me refusez. » En même
temps il leur fit présenter de la bière, et les exhorta à
boire à la santé de leurs amis. Ils le firent en riant, et
partirent ensuite ; mais à peine étaient-ils à quelque dis-

tance du monastère, que, se rappelant ce que saint Bernard leur avait dit, ils sentirent leurs dispositions toutes changées ; ils retournèrent à Clairvaux, et y embrassèrent la vie religieuse.

Ce serait peut-être ici le cas de rapporter comment s'y prit saint Bernard pour opérer la conversion de Guillaume, duc d'Aquitaine ; mais nous avons retracé cette histoire ailleurs, et, craignant d'abuser de l'attention de nos lecteurs en nous répétant, nous ne pouvons que les renvoyer pour ce fait au recueil des *Fastes et légendes du Saint-Sacrement*, dont il fait partie.

La réputation de saint Bernard fit naître à plusieurs églises le désir de l'avoir pour pasteur : on lui offrit l'évêché de Langres et celui de Châlons, l'archevêché de Milan et celui de Reims. Il refusa constamment toutes ces dignités, et le respect que les souverains pontifes avaient pour sa vertu les empêcha toujours de faire violence à son humilité.

Néanmoins, saint Bernard était l'âme de son époque et la figure dominante de son siècle : on avait recours à lui de toutes les provinces, et son zèle l'obligeait à prendre part à toutes les affaires de l'Église. Enfin, après avoir été le directeur des âmes, le soutien des affligés, le père des pauvres, le médiateur entre les princes, l'ambassadeur entre les rois, le conseil des évêques et des souverains pontifes, l'âme des conciles, et, pour tout dire, l'homme de tout l'univers qui recourait à lui, saint Bernard, succombant sous le poids des austérités et des travaux, se sentit entièrement défaillir, mais avec la consolation d'un voyageur qui arrive au port.

Il était dans sa soixante-troisième année, il y en avait quarante qu'il avait fait profession à Cîteaux, et trente-huit qu'il était à Clairvaux. Il avait fondé ou agrégé à son ordre soixante-douze monastères, mais, en comptant les fondations faites par les abbayes dépendantes de Clairvaux, on en compte jusqu'à cent soixante, et plus. La doctrine, le zèle, l'onction et la piété qui règnent dans ses écrits, le font regarder comme un des Pères de l'Église.

V

Les monastères de la Trappe forment une branche féconde de l'ordre de Cîteaux : elle tire ce nom de l'abbaye de la Trappe qui en fut la souche-mère. Cette abbaye, célèbre entre toutes par l'austérité de la règle qu'on y suivait, fut fondée en 1140, par Rotrou, comte du Perche. Cet ordre, qui s'était relâché, fut réformé, en 1662, par l'abbé de Rancé, qui y établit l'étroite observance de Cîteaux. Les trappistes, même de nos jours, observent un silence absolu, partagent leur temps entre la prière et le travail manuel, se nourrissent de pain grossier et de légumes cuits à l'eau. Ils jeûnent la moitié de l'année, c'est-à-dire qu'ils ne mangent alors qu'après le coucher du soleil. Leur vêtement est de laine grossière et immédiatement appliqué sur la peau. L'aveu de leurs fautes, qui n'en sont que pour des consciences aussi sévères, doit être fait devant toute la communauté assemblée en chapitre. Ils doivent toujours avoir devant les yeux l'image de la mort ; et il y a dans leur cimetière une fosse toujours ouverte. Ce sont des moines essentiellement agriculteurs ; et par leurs défrichements ils rendent de grands services à la société ; entre autres, l'établissement qu'ils ont formé en Algérie en offre la preuve.

Voici à ce sujet quelques éclaircissements qu'on ne lira pas sans intérêt.

« Au mois de juillet 1843, le maréchal ministre de la guerre concéda aux trappistes, dans la plaine de Staouéli, près d'Alger, mille vingt hectares de terres presque toutes en friche. Les conditions étaient les mêmes que pour les autres colons. Les religieux, formés en sociétés d'agriculteurs, s'engageaient à défricher en dix ans les terres concédées et à planter chaque année deux mille arbres. Le gouvernement prêtait une somme de 62,000 francs, la société payait les intérêts jusqu'à restitution, et, quand le défrichement serait complet, les trappistes payeraient l'impôt, les droits de mutation, et la terre leur appartiendrait. »

Une note venue d'Afrique, et publiée le 27 janvier 1845, complète ces renseignements :

« L'établissement religieux que les Frères trappistes viennent de fonder à Staouéli, disait-elle, est à la veille de se terminer... Dire quelles difficultés ont dû surmonter ces bons Frères, et le brave colonel Marengo, qui les a si charitablement secondés, est à peu près impossible. On peut toutefois s'en faire une idée par le chiffre de la mortalité des travailleurs : sur trente-huit Frères de la Trappe, huit sont morts en 1844, et tous les autres ont été plus ou moins malades... Cette colonie est une œuvre nationale et religieuse qui aura la plus heureuse influence sur les populations européennes et sur les Arabes, peuples essentiellement religieux qui respectent les fidèles serviteurs du Christ comme les Marabouts musulmans ; parce que le Koran leur enseigne que l'Évangile et la Bible viennent de Dieu, et que le fils de Marie est fils de Dieu. »

Enfin, pour conclure le panégyrique des Trappistes,

.ajoutons encore ces paroles d'un héros qui se connaissait en hommes : « Ce sont, disait Napoléon Ier, des hommes admirables, qui travaillent beaucoup et consomment peu. »

SAINT FRANÇOIS D'ASSISE ET LES FRÈRES MINEURS.

I

Encore un de ces saints qui ne peuvent être bien compris qu'entourés de l'auréole du merveilleux, qui semble faire partie intégrante de leur vie surnaturelle.

François naquit à Assise en Ombrie, l'an 1182. Son père, qui était négociant, et qui le destinait à la même profession, ne chercha point à en faire un érudit. Dans sa première jeunesse, François aima le monde et les plaisirs, bien qu'il ne prît aucune part aux désordres qui usurpent ce nom ; mais il témoignait dès lors une tendre compassion pour les pauvres, et les soulageait selon son pouvoir. Ayant un jour refusé l'aumône à l'un deux, il en eut un regret si vif, qu'il résolut de donner désormais à tous ceux qui lui demanderaient au nom de Jésus-Christ.

La charité touche le cœur de Dieu, et l'aumône attire sur celui qui l'exerce des grâces de prédestination. Une maladie porta François à réfléchir sérieusement sur le néant des vanités humaines ; il prit dès lors le parti de renoncer au monde pour ne s'attacher qu'à Dieu seul. Voici comment il commença à marcher dans cette voie nouvelle : Ayant un jour rencontré un gentilhomme fort pauvre et très-mal vêtu, il en fut touché de compassion, il se dépouilla d'un habit neuf qu'il portait et se revêtit en échange de la livrée de la misère. Un autre jour, il trouva sur son chemin un lépreux si défiguré, qu'il en eut d'abord horreur ; puis, considérant que pour servir Jésus-Christ il faut se vaincre soi-même, il fit arrêter son cheval, baisa le lépreux avec affection, comme une image du Sauveur défiguré à cause de nos péchés, et rechercha dès lors ceux qui étaient atteints de ce mal affreux pour les panser et les soulager.

Quand on cède ainsi aux impulsions de la grâce, on marche bientôt à pas de géant dans le sentier des hautes vertus. Transformé en homme nouveau, François recherchait la retraite avec plus d'empressement qu'il n'en avait eu pour les plaisirs du monde, et ne se plaisait plus que dans la prière et la méditation, s'attendrissant surtout au récit des souffrances du Sauveur, dont il faisait sa spéciale étude. Ce genre de vie déplut à son père, qui le persécuta à cette occasion, et finit par le déshériter.

François ne se crut jamais plus riche qu'au moment où il commença à ne plus rien posséder : « Abandonné de mon père sur la terre, disait-il, je m'adresserai avec plus de confiance à mon Père qui est dans les cieux. »

« La pauvreté, disait-il encore dans une autre occasion, est la voie du salut, la nourricière de l'humilité et la racine de la perfection. Ses fruits sont cachés, mais ils se multiplient en une infinité de manières. »

S'étant retiré auprès d'une petite église, appelée *Portioncule* ou *Notre-Dame des Anges,* François continuait de servir les lépreux, s'exerçant aux œuvres les plus mortifiantes de l'humilité et de la miséricorde. Ayant entendu lire un jour à la messe ces paroles que

Notre-Seigneur adresse à ses apôtres : *Ne portez ni or, ni argent, ni deux tuniques, ni chaussure, ni bâton,* sa voie lui parut toute tracée. « Voilà, s'écria-t-il avec joie, ce que je cherche, ce que je désire de tout mon cœur ! » Aussitôt il quitta ses souliers et son bâton, renonça à l'argent et ne garda qu'une simple tunique, qu'il attachait avec une ceinture de corde, pratiquant à la lettre ce qu'il venait d'entendre, et heureux d'avoir trouvé ainsi le moyen de réduire ses besoins.

Il commença dès lors à mener une vie apostolique, prêchant la pénitence par des discours simples, mais solides, qui faisaient d'autant plus d'impression qu'ils étaient appuyés de son propre exemple. Il eut bientôt des disciples qui imitèrent sa manière de vivre et partagèrent son zèle. Il leur donna une règle dans laquelle, entre autres choses, il exhorte les Frères au travail des mains ; mais il veut qu'ils se contentent de recevoir pour le prix de leurs ouvrages les choses nécessaires à la vie, pourvu que ce soit en nature et non pas en argent. Il leur défend de prêcher sans la permission de l'évêque, ni de rien posséder en propre. Il veut que leurs prédications soient courtes, mais exactes, fondées sur la parole de Dieu, et que, négligeant les fleurs de la rhétorique, ils ne disent rien qui ne porte véritablement à l'édification.

Les commencements de leurs prédications furent rudes. Ils trouvèrent des auditeurs attentifs, mais la plupart étaient choqués de leur habit extraordinaire et de l'austérité singulière de leur vie. On se défiait d'eux, comme s'ils eussent été étrangers, on leur refusait même l'hospitalité comme à des malfaiteurs, et alors ils étaient réduits à passer des nuits entières sous le porche des églises. Quelquefois on les chargeait d'injures ; les enfants et la populace leur jetaient des pierres et de la boue. Ils se réjouissaient de souffrir ces opprobres dans l'exercice de leur ministère évangélique.

Un évêque ayant refusé rudement à saint François la permission de prêcher au peuple, il souffrit cette humiliation sans rien dire. Mais, quelque temps après, il retourna vers l'évêque et lui demanda la même permission. L'évêque, surpris, lui dit : « Comment osez-vous encore venir m'importuner ? — Hélas ! répondit François avec douceur, c'est qu'un fils, chassé de la maison de son père par une porte, doit y rentrer par une autre. » Il recommandait fréquemment cette humilité à tous ses disciples comme une vertu fondamentale du christianisme, et particulièrement de l'état religieux. Le pape lui ayant demandé s'il voulait qu'on élevât ses religieux aux dignités ecclésiastiques : « Le nom qu'ils portent, dit-il, avertit qu'ils ne doivent point penser à s'élever. Si Votre Sainteté souhaite qu'ils soient utiles à Église, qu'elle les tienne toujours dans l'état humble auquel ils ont été appelés. »

Le pape Innocent III approuva la règle de saint François. Alors le serviteur de Dieu conduisit sa petite société à l'église de la Portioncule, qui avait été son berceau, et qui lui fut cédée par une abbaye de Bénédictins, de qui elle dépendait.

Jamais, pour se retirer de la pauvreté, ni pour en diminuer les rigueurs, il ne voulut consentir à retenir la moindre portion des biens que les novices avaient dans le monde. Quelques personnes qui connaissaient son inflexibilité sur ce point crurent l'en faire relâcher, en lui remontrant que la jouissance de ces biens lui aurait rendu plus faciles les devoirs de l'hospitalité. « A Dieu ne plaise, répondit François, que ce soit nous qui donnions atteinte à la sainteté de notre règle : il vaut mieux être dans la nécessité de dépouiller l'autel de la sainte

Vierge, qui nous saura plus de gré d'observer les conseils de son fils, que de parer ses autels. » Rien ne fut capable d'affaiblir en lui cet amour qu'il avait voué à la pauvreté, et jamais, sous le prétexte du bien de son ordre, il ne voulut ni richesses ni distinctions. Dans le premier chapitre qu'il fit tenir, plusieurs frères le prièrent d'obtenir du pape un privilége, en vertu duquel ils pussent prêcher partout où il leur plairait, même sans permission des évêques. Cette proposition déplut au saint homme, et il répondit avec indignation : « Quoi, mes frères, vous ne connaissez pas la volonté de Dieu ? Il veut que nous gagnions les supérieurs par l'humilité et le respect, afin d'attirer par la parole et le bon exemple ceux qui leur sont soumis. Quand les évêques verront que vous vivez saintement, et que vous ne voulez point entreprendre sur leur autorité, ils vous prieront d'eux-mêmes de travailler au salut des âmes dont ils sont chargés. »

Le nombre des disciples de saint François s'élevait alors à cinq mille religieux. Le temps n'était plus où l'on méconnaissait leurs vertus et leurs services. Le saint fondateur était l'objet d'une telle vénération, que, lorsqu'il entrait dans une ville, le clergé et peuple venaient au-devant de lui, et toutes les cloches étaient en branle. Voyant un de ses compagnons étonné de ce qu'il souffrait ces honneurs, il lui dit : « Sachez, mon frère, que je renvoie à Dieu tous ces respects, sans m'en rien attribuer, et les autres y gagnent en honorant Dieu dans la plus vile de ses créatures. » C'est ainsi qu'il avait coutume de se qualifier. Un de ses religieux lui ayant demandé comment il pouvait se croire tel, il lui répondit : « Si le plus scélérat des hommes avait reçu de Dieu autant de grâces que moi, il en serait plus reconnaissant que je ne le suis. »

Entre les missions apostoliques qu'il partageait avec ses disciples, François voulut se réserver celle de Syrie et d'Égypte, dans l'espérance d'y trouver le martyre. S'étant embarqué avec un seul compagnon, il aborda à Damiette, où était alors le sultan *Mélédin*. Le sultan lui demanda par qui il avait été envoyé vers lui. « C'est, répondit hardiment François, c'est le Dieu Très-Haut qui m'envoie pour vous montrer le chemin du ciel, à vous et à votre peuple. » Cette intrépidité étonna le sultan, qui l'invita à demeurer auprès de lui. « Je le ferai volontiers, dit François, si vous voulez vous convertir avec votre peuple. » Puis se sentant comme inspiré, il ajouta : « Pour que vous n'hésitiez plus à quitter la loi de Mahomet et à embrasser celle de Jésus-Christ, faites allumer un grand feu, j'y entrerai avec vos prêtres, afin que vous voyiez quelle est la vraie religion. — Je doute fort, reprit Mélédin en souriant, qu'aucun de nos imans veuille se soumettre à cette épreuve : d'ailleurs, il serait à craindre que cela n'excitât quelque sédition. » Cependant le sultan, charmé des discours de François, lui offrit de riches présents, que le saint homme ne voulut point accepter. Ce refus généreux le rendit encore plus vénérable aux yeux de Mélédin, qui le congédia en lui disant : « Priez pour moi, mon père, afin que Dieu me fasse connaître la religion qui lui est la plus agréable, et qu'il me donne le courage de l'embrasser. »

II

La vie de saint François d'Assise ne nous paraîtrait pas complète si, à l'esquisse de son abnégation, de ses humiliations, de ses travaux, nous n'ajoutions quelques-uns de ces traits surnaturels qui ont poétisé cette figure si humble et si mortifiée, qu'elle en pourrait paraître abjecte à ceux qui ne la connaîtraient pas sous toutes ses faces.

Saint François n'est pas seulement remarquable par un séraphique amour pour Dieu, qui rejaillissait en élans de tendresse pour l'humanité, il portait sur toute la création cette exubérante charité qui fait de toute sa vie le plus suave des poëmes.

Voici comment Louis Veuillot explique l'intelligence dans laquelle le Séraphique vivait avec tous les êtres créés. « Les créatures, dit-il, souffrent, parce que la terre est punie, et la terre est punie à cause de nos péchés. Voilà pourquoi nous sommes en guerre avec toute la nature. Saint François avait si bien vaincu le péché, si bien rétabli son âme dans la pureté de son origine, qu'aucune hostilité n'existait plus contre lui dans le monde. Il était en paix avec les éléments comme avec les hommes et avec lui-même. Tout ce qui le vit, l'approcha, en reçut mille marques de tendresse, et les lui rendit. Il aima toutes choses, et toutes choses l'aimèrent. Soumis aux souffrances, parce qu'il était né d'une chair coupable, mais devenu l'enfant de la foi et de la grâce, il portait sur terre des marques de sainteté qui brisaient partout autour de lui le sceau de l'anathème ; Dieu le revêtit d'une splendeur dont il n'a pas voulu lui-même entourer son corps mortel. On ne peut dire de saint François qu'il fit des miracles : le miracle, c'était lui-même, les prodiges sortaient de lui comme les rayons sortent du foyer. Il fut au milieu de la nature ce qu'était le premier homme dans l'Eden de son innocence : un possesseur jouissant du plein amour des êtres et des choses, sur lesquels il régnait en paix [1]. »

D'après saint Bonaventure, qui a écrit cette vie si poétique, citons quelques-uns de ces traits charmants :

François passant un jour près de Bevagno vit un lieu sur son chemin où beaucoup d'oiseaux d'espèces différentes s'étaient rassemblés. Il se dérangea quelque peu pour ne point les troubler, et les salua comme s'ils eussent été des êtres raisonnables. Les oiseaux ne se dispersèrent point, mais, au contraire, se tournant vers lui et allongeant le cou, ils paraissaient désirer qu'il s'approchât. Alors il leur fit un discours : « Mes frères ailés, vous devez toujours louer votre Créateur et l'aimer, lui qui vous a revêtus de plumes, qui vous a donné des ailes et qui pourvoit à tous vos besoins. Il vous a faits avant tout ses créatures, et vous a assigné pour séjour les régions pures de l'air : sans que vous semiez, sans que vous moissonniez jamais, il vous conduit et vous nourrit. » Les oiseaux le regardaient attentivement, s'agitant d'une manière merveilleuse, ouvrant le bec et battant des ailes tandis qu'il parlait. Il alla au milieu d'eux, en toucha quelques-uns avec sa robe, aucun ne bougea ; enfin, il ne s'envolèrent qu'après qu'il leur eut donné sa bénédiction. Et lui, dans la simplicité de son cœur, ayant vu cela, se fit des reproches de n'avoir jamais jusqu'à ce jour parlé aux oiseaux.

Il se rendit ensuite dans un bourg où il voulu prêcher le peuple dans la rue, mais sur les toits une quantité d'hirondelles gazouillaient si fort qu'on l'entendait à peine. Il leur dit : « Hirondelles, mes sœurs, vous avez assez parlé : il est temps que j'aie mon tour ;

---

[1] *Rome et Lorette.*

écoutez donc en silence la parole du Seigneur. » Les hirondelles, comme si elles l'avaient compris, se turent à l'instant et ne bougèrent plus.

La première fois qu'il visita le mont Alverne, à son retour d'Espagne, un grand nombre d'oiseaux volèrent autour de la cellule que les Frères avaient bâtie pour lui, chantant et battant des ailes. Il vit un indice de la volonté divine dans cette joie que les oiseaux témoignaient à sa venue, et résolut de s'arrêter quelque temps en ce lieu. Pendant ce séjour, un faucon, dont l'aire était voisine, le prit en grande amitié; par son cri il l'avertissait de l'heure à laquelle il avait coutume de prier. Quand le saint était malade, le faucon, afin de le ménager, retardait son signal; et si alors, vers le point du jour, sa voix, comme une cloche intelligente, saluait le matin, il avait soin d'en modérer et d'en affaiblir le son.

Il avait une grande prédilection pour les agneaux, dans lesquels il voyait l'emblème du Sauveur. Plusieurs fois il en délivra qu'on allait égorger, et qu'il achetait d'une pièce de son vêtement. S'il passait au milieu d'un troupeau, jeunes et vieux se pressaient autour de lui, relevaient la tête et le regardaient fixement à la grande surprise des bergers et des frères. Un jour, près de Greccia, on lui apporta un levraut vivant qui venait d'être pris dans un piége. Il fut touché de compassion. « Comment t'es-tu laissé prendre au piége, lui dit-il, levraut, mon frère ? » L'animal, ayant été mis à terre pour qu'il pût s'enfuir, sauta vers François et se cacha dans son sein. Celui-ci, après l'avoir caressé comme aurait pu faire une mère, le voulut laisser aller ; mais, attiré par un charme secret, le levraut revenait toujours vers le saint homme, qui fut enfin obligé de le faire porter par un de ses frères assez avant dans la forêt. Pareille chose arriva d'un oiseau aquatique pris sur un lac près de Riati. Un brochet, qu'on avait apporté à ce même endroit et qu'il rejeta à l'eau, nagea auprès de sa barque jusqu'à ce qu'il lui eût donné une bénédiction.

Tout lui était occasion de bienfait, tout lui était enseignement de prière. A la Portioncule une cigale, perchée sur un figuier près de sa cellule, chantait et l'excitait à prier par son chant. Il l'appelle, elle vole sur sa main. « Cigale, lui dit-il, ma chère sœur, loue Notre-Seigneur, ton créateur. » Elle se mit aussitôt à faire entendre son petit bruit joyeux, jusqu'à ce qu'il l'eût renvoyée reprendre sa place sur le figuier ; elle y resta huit jours allant et venant à sa volonté. Alors il dit à ses compagnons : « Donnons à présent congé à notre sœur la cigale, car elle nous a réjouis assez longtemps, depuis huit jours qu'elle nous excite à louer Dieu. » La cigale disparut sur l'heure et ne reparut point. En protégeant jusqu'aux vermisseaux, le saint en prenait occasion d'adorer le Sauveur, se rappelant ces paroles du prophète appliquées à Jésus-Christ foulé aux pieds dans sa Passion : *Je suis un ver et non un homme.*

Mais ce n'était pas seulement aux êtres animés que François prodiguait les effusions de cet amour infini. Avec les mêmes effusions il admirait et louait la beauté des fleurs, voyant en elles, dit un autre de ses biographes, témoin oculaire, un reflet de la fleur impérissable et divine que Dieu fit épanouir sur la tige de Jessé. Lorsqu'il en trouvait beaucoup ensemble, il se laissait aller avec elles à un pieux et simple entretien. De même il invitait à aimer Dieu les moissons, les vignes, les pierres, les forêts, la beauté des plaines, la fraîcheur des eaux, la verdure des prés, tous les éléments. Il contemplait avec de tendres désirs et une joie inexprimable la magnificence des cieux, miroir où il voyait la face du Créateur. Et comme il s'était donné à Dieu pour serviteur avec un dévouement sans bornes, les éléments, ces agents de Dieu, semblaient être devenus aussi ses serviteurs dévoués. Un jour que les médecins allaient lui appliquer un fer rouge aux tempes, il bénit ce fer et lui dit : « Feu, toi, qui es mon frère, le Très-Haut t'a fait avant toutes choses, et t'a fait beau, utile et puissant ; sois-moi donc favorable aujourd'hui, et daigne Dieu adoucir ton ardeur de telle sorte que je puisse la supporter. » Le fer fut appliqué, et le saint s'écria : « Mes frères, louez avec moi le Très-Haut, le feu ne me brûle pas, et je ne sens aucune douleur. » Au rapport des mêmes témoins, l'eau pour lui se changea en vin lorsqu'il l'eut bénie ; et un jour que, dans une violente maladie, il désirait de la musique pour élever son cœur au Tout-Puissant, l'air, s'ébranlant de lui-même, fit entendre d'harmonieuses vibrations[1].

En vérité, ne sont-ce pas là des réminiscences de l'Éden et des échos de Nazareth?... Que de richesses dans le sein de celui en qui brillait la plus pure expression de la pauvreté évangélique !

TRANSITION.

Ici nous devons borner la nomenclature de ces hommes surnaturels, qui devaient avoir place dans cette galerie des *Hommes forts*, et même se trouver au premier rang. Assurément les fondateurs d'ordres religieux

[1] *Rome et Lorette.*

et leurs disciples n'eussent jamais accompli de si grandes
choses s'ils n'avaient été mortifiés, laborieux, persévérants. C'est à ce point de vue, surtout, que nous les
avons considérés; c'est à ces titres qu'ils méritent d'ouvrir la marche de ces héros qui ont vaincu par le sacrifice d'eux-mêmes.

Nous aurions pu en mettre en scène bien d'autres
encore, tels que la vierge de Lutèce, l'illustre Geneviève
qui, semblant vouloir par avance expier les excès de la
ville dont elle devait être la patronne, ne prenait d'autre
aliment que des fèves cuites à l'eau et vieillies, et cela
seulement deux fois par semaine. Nous aurions pu la
montrer ensuite, encore plus esclave de l'obéissance que
de la mortification, se soumettre à l'autorité de son
évêque qui lui conseillait d'user d'un peu de lait et de
poisson, pour se soutenir dans les infirmités d'une vieillesse avancée. Nous avons également renoncé à retracer
les austérités moins imitables qu'admirables de son con-
temporain, Siméon Stylite, dont les excentricités étaient
également prêtes à céder le pas à la soumission. Nous en
omettons bien d'autres, et des meilleurs, parmi de rudes
pénitents et de célèbres chefs d'ordre, car nous n'avons
en vue d'écrire ni une histoire de l'Église, ni un recueil
de vies des saints; mais seulement d'indiquer ce dont la
faible nature humaine est capable en s'appuyant sur des
motifs surnaturels, ou du moins très-élevés.

Cessant d'interroger les échos des cloîtres, nous allons
maintenant rencontrer à travers le monde quelques-uns
de ces types courageux plus accessibles peut-être à
l'imitation de nos lecteurs; ce ne sont pas seulement les
siècles passés qui nous les offrent, nous en trouvons
même parmi les contemporains de notre époque si molle
et si relâchée.

JEAN GUTTEMBERG.

Bien que notre plan n'ait pas eu pour objet de raconter l'histoire des inventeurs célèbres, nous ne saurions sans injustice exclure du bataillon de Gédéon, un homme dont la découverte a eu une si grande portée que celle de l'imprimerie. On n'arrive pas à de pareils résultats sans travail opiniâtre, sans luttes douloureuses, sans sacrifices énormes.

Enveloppée de quelques obscurités, l'histoire de l'invention de l'imprimerie a occupé l'attention des érudits. On a beaucoup cherché, discuté, et de ces recherches et de ces débats est sortie quelque lumière : si l'on n'est pas d'accord sur tous les points, du moins est-on toujours mieux renseigné, et c'est en consultant les versions les plus récentes que nous esquisserons cette étude.

Mayence et Strasbourg se disputent le privilége d'avoir donné le jour à Jean Guttemberg, né en 1400 d'une famille patricienne. Ce qu'il y a de certain, c'est qu'il s'établit à Strasbourg en 1424, et que dans cette ville eurent lieu les premiers essais de l'art qui devait immortaliser son inventeur.

Guttemberg se livra d'abord à l'étude de la physique et de la chimie, qu'on appelait de son temps les sciences occultes. Ses études le conduisirent à des résultats sans doute intéressants, car, en 1431, il méditait plusieurs grandes découvertes qu'il consignait obscurément sur un manuscrit intitulé : *Certains arts et secrets tenant du merveilleux.* Cependant ces travaux mystérieux demandaient un aide, un confident. Ce que le génie d'un seul homme peut concevoir exige le concours de plusieurs pour l'exécuter. Le gentilhomme s'associa un nommé André Dryzehn, qui vint partager ses travaux et ses espérances. Malheureusement, André mourut, et, quoiqu'il emportât dans la tombe le secret de son ami, qu'il avait fidèlement gardé, il ne laissa pas que d'annoncer à son frère Georges que ce secret contenait la fortune et la gloire.

Ébloui par cette perspective, Georges voulut succéder à André dans l'association; mais Guttemberg n'avait pas en lui la même confiance que dans son frère; il reprit son manuscrit et fut obligé de se défendre en justice contre les héritiers de son confident. — Étrange procès autour d'un trésor ignoré de tous, et dont lui seul avait la clef! — Ces débats furent si pénibles à Guttemberg qu'il faillit en mourir et sa découverte avec lui. De sorte que le plus grand progrès moderne — l'invention de l'imprimerie — a tenu à la plaidoirie de quelque avocat. Le tribunal condamna Guttemberg à payer à son adversaire une indemnité de cent florins, somme importante pour le temps, et qui, jointe aux frais du procès et aux autres préjudices qui purent en résulter, firent une grande brèche à la fortune peu considérable de l'inventeur.

Un moment abattu, mais non découragé, Guttemberg, renonçant à la poursuite des autres *secrets merveilleux* dont il pouvait s'occuper, sentit sans doute la nécessité de concentrer ses études sur un point unique et fit ses premiers essais de l'art de l'imprimerie au moyen de caractères mobiles en bois. Mais encore ici le concours d'une main-d'œuvre lui était nécessaire, et quelques-uns prétendent que l'infidélité d'un ouvrier lui suscita de nouveaux chagrins.

Quoi qu'il en soit, le gentilhomme à demi-ruiné, et ne

pouvant dans tous les cas exécuter seul une conception aussi vaste, alla, ou revint à Mayence en 1443, et s'associa à Jean Fust, riche orfévre de cette ville, artiste de mérite, à la fois sculpteur et ciseleur, en outre bailleur de fonds.

Les deux associés tirèrent parti de l'invention des *caractères mobiles*, en imprimant la fameuse Bible dite des *Quarante-deux lignes ;* qui, fatalité décevante pour la curiosité des bibliophiles, ne porte ni date ni nom d'imprimeur. Songeant bien plus à fonder une œuvre utile qu'à en tirer sa propre gloire, Guttemberg n'a attaché son nom à aucun de ses travaux.

Cette Bible mit la brouille entre Guttemberg et Fust : ce dernier réclamait ses avances que le débit du livre n'avait pu couvrir, et Guttemberg, se trouvant hors d'état de les lui rembourser, ne put que lui abandonner sa part de propriété dans leur établissement commun qui resta ainsi tout entier aux mains de Fust. — Nouvelle réalisation, que nous verrons se renouveler dans tous les âges, de ces paroles du Sauveur : *Vous sèmerez, et d'autres recueilleront.* Elles se sont accomplies dans la personne des apôtres qui les premiers les ont expérimentées, et tous les jours encore nous voyons s'effectuer ce que la Sagesse incréée avait prévu et annoncé.

Tel est l'ordre des desseins éternels de Dieu : il ne veut pas que ses élus reçoivent dès ici-bas leur récompense, du moins pas tout entière.

Un jeune homme intelligent, ouvrier de Fust — quelques-uns disent son domestique — ce qui pouvait s'entendre alors d'un employé résidant chez son patron, Pierre Schœffer, seconda le capitaliste dans son exploitation. Profitant des essais de Guttemberg, il entreprit de les améliorer et porta l'art typographique à un perfectionnement qu'on n'a pu encore surpasser. C'est à lui qu'est due l'invention de la fonderie en caractères. Jean Fust comprit toute la portée de cette découverte ; et, associant l'auteur à sa fortune, il lui donna sa fille en mariage.

Bien loin d'être jaloux en apprenant ces nouvelles, le noble cœur de Guttemberg applaudit aux progrès de l'art dont il avait été l'initiateur. Cette nouvelle voie ouverte à ses efforts le décida à sortir de sa retraite ; il rouvrit un atelier qu'il dirigea seul. Il se réconcilia avec Fust, s'approvisionna de caractères fondus par Schœffer, et se montra désormais aussi habile imprimeur qu'il avait été inventeur ingénieux.

Le *Psautier*, qui sortit de ses presses en 1461, est considéré comme le chef-d'œuvre de la typographie.

Vers cette époque, l'électeur Ernest de Gotha le nomma gentilhomme ordinaire de sa chambre et lui assura une pension suffisante avec une retraite à Gotha. Guttemberg vieux, et brisé surtout par les secousses de sa vie agitée, accepta avec reconnaissance cette offre qui lui assurait quelques années paisibles pour préparer doucement son âme à paraître devant Dieu. Il mourut en juin 1468. La postérité a rendu hommage à sa mémoire : Mayence et Strasbourg lui ont érigé récemment des statues en bronze ; et Paris, imitant cet exemple, a placé l'image de ce grand homme au milieu de la cour d'honneur de l'établissement que l'on appelle aujourd'hui l'Imprimerie impériale.

CHRISTOPHE COLOMB.

Pendant que Jean Guttemberg préludait à l'invention
d'un art dont l'immense portée devait opérer dans le
monde toute une révolution morale, naissait un héros
qui devait aussi doter ce même siècle d'une des plus
importantes découvertes qu'ait pu rêver l'esprit humain.

Christophe Colomb, une des plus grandes figures
parmi celles des hommes de génie qui honorent l'humanité, mérite à toutes sortes de titres un rang distingué
dans cette laborieuse et militante brigade que nous pas-
sons en revue.

Né à Gênes en 1436, Christophe Colomb était le fils
d'un cardeur de laine. On dit qu'il fut obligé, pour vivre,
d'être porte-balle dans sa jeunesse. Le goût de la science
s'était de bonne heure emparé de lui ; il étudia la géométrie, la géographie, l'astronomie, la navigation, et dé-
passa les limites alors étroites de ces sciences. Il servit
plusieurs années sur les navires de sa patrie et il rêvait
pour elle l'acquisition de quelque terre inconnue au sujet de laquelle ses observations lui suggéraient des indices. Mais *nul n'est prophète dans son pays*, a dit avec
tant de vérité le Verbe divin ! Les observations du fils de
l'artisan ne furent pas écoutées ni ses propositions ac-
cueillies par le gouvernement génois. Il ne fut pas plus
heureux en Angleterre, non plus qu'en Portugal, où il
s'était fixé à la suite d'un naufrage. Cependant, en attendant le succès fort douteux du projet rêvé, il fallait travailler pour vivre et faire vivre une famille, et notre savant utilisait ses connaissances en façonnant des sphères
et en traçant des cartes géographiques. (En se livrant à

ce labeur ingrat, qui était loin de l'enrichir, il avait lieu de se convaincre de plus en plus de ce que lui avaient déjà révélé ses observations maritimes, c'est que dans l'immense étendue que présentait le globe entre les côtes occidentales de l'Europe et l'extrême Orient, sur lequel on n'avait que des notions bien vagues, devaient rester encore d'autres terres à explorer. Ce qui pouvait contribuer à le stimuler encore, c'est que les investigations maritimes étaient un peu la préoccupation de l'époque, et Christophe Colomb n'était pas le seul qui songeât à découvrir des terres nouvelles, mais aucun ne concevait la hardiesse de vouloir étendre ses explorations au delà de l'hémisphère connu, et le navigateur génois était traité de visionnaire quand il parlait de franchir l'extrémité de l'Atlantique, considérée par les marins comme un abîme incommensurable.

Cependant les années s'écoulaient, Christophe touchait à la vieillesse, et la misère qui l'étreignait semblait devoir anéantir à jamais toutes ses espérances. Dieu tire le bien du mal : c'est en tombant mourant de faim à la porte d'un monastère, que l'homme inspiré d'en haut trouva, dans un religieux espagnol, un homme qui le comprit enfin et appuya auprès de la cour d'Espagne des projets dont devait résulter un bien immense au double point de vue de la foi chrétienne et de l'intérêt de ce royaume. D'autres préoccupations empêchèrent encore bien longtemps le roi Ferdinand d'Aragon de prêter attention aux propositions de Colomb et de son protecteur. Ses plans furent cependant soumis à l'examen d'un conseil : ils furent déclarés chimériques et contraires aux lois physiques et religieuses. Lassé, mais non vaincu par dix-huit ans d'épreuves, Colomb se mettait en route pour aller livrer son projet à la France, quand la reine Isabelle de

Castille, plus clairvoyante que son époux, le fit rappeler.

Trois barques ou caravelles, équipées par les frères Pinzon, partirent du port de Palos le 3 août 1492.

Ne pouvant, d'après les proportions que nous sommes obligés de garder, reproduire toutes les circonstances de ce mémorable voyage, mentionnons au moins la scène imposante qui précéda son départ, alors qu'il était prêt à se lancer dans ces espaces inconnus qui devaient inspirer quelque chose des formidables terreurs de l'éternité.

Confiant en la divine Providence, dont il a toujours suivi les directions, le hardi navigateur se place sous la sauvegarde de cette Religion qui a toujours été son mobile ; dans ce même couvent de Rabida, où il était entré mendiant son pain et où il trouva une protection efficace, Colomb, au moment de s'embarquer, fait célébrer une messe dans la chapelle de Notre-Dame. Entrant dans ses vues, le P. Gardien monte à l'autel pour offrir l'auguste sacrifice à une intention jusque-là peut-être inouïe depuis l'institution de l'adorable Eucharistie. Au moment de la communion, Colomb s'approche de la sainte table et reçoit, comme viatique, le pain des anges. C'est un monde nouveau dont il fait l'offrande à Dieu ; et, dût-il en être le martyr, il accomplira jusqu'au bout son œuvre.

Pendant soixante et dix jours de navigation, il eut à lutter contre l'ignorance, le découragement, les révoltes de son équipage : il lui fallut user d'énergie et d'éloquence envers ses matelots, de constance et d'audace contre les éléments, et d'une inébranlable confiance en Dieu surtout. Il découvrit enfin dans la nuit du 11 au 12 octobre cette terre promise. Il s'en approcha en entonnant le *Te Deum*, auquel répondit en chœur tout l'équipage, honteux de ses injustes résistances.

Colomb tomba à genoux en abordant le rivage : c'était une île qu'il baptisa du nom du Christ Sauveur (*San Salvador*). Il découvrit successivement les grandes Antilles, Cuba, Saint Domingue ; puis les petites Antilles, la Martinique, la Guadeloupe... puis enfin le continent d'Amérique, auquel un autre devait donner son nom, sans lui ravir la gloire de cette découverte.

A son retour en Espagne, Christophe Colomb fut nommé vice-roi des pays nouveaux. Son entrée à Barcelone fut triomphale : les Indiens amenés par lui marchaient chargés d'or, de pierreries, de plantes inconnues. Ferdinand et Isabelle l'attendirent sur leurs trônes et se levèrent devant lui comme devant un envoyé du ciel.

Mais la croix, qu'il avait plantée dans le nouveau monde, ne devait cesser d'être son partage : comme son divin Maître, il put bien triompher un jour, mais aussi les malédictions devaient suivre ce triomphe éphémère. L'envie ne devait pas l'épargner. N'y-at-il pas toujours eu des gens jaloux de s'approprier le fruit des travaux d'autrui ? Calomnié, accusé après ses autres expéditions, le héros fut dépouillé de son commandement, chargé de fers, délaissé.

Le gouverneur de tant d'îles et de continents devait mourir à Ségovie, en 1506, sans avoir un toit pour reposer sa tête. Toutefois, confiant en la justice de sa cause, il exprima ainsi ses derniers vœux dans son testament : « Je prie mes souverains et leurs successeurs de maintenir mes volontés dans la distribution de mes droits, de mes biens et de mes charges ; moi qui, étant né à Gênes, suis venu les servir en Castille, et qui ai découvert à l'ouest, la terre ferme, les îles et les Indes. »

Grâce à Christophe Colomb, l'Espagne se vit élevée à

une puissance que n'égala celle de nul autre royaume :
« Le soleil ne se couche jamais sur mes possessions, » di-
sait Charles-Quint, héritier des trônes d'Isabelle et de
Ferdinand.

En Christophe Colomb sont réunies toutes les qualités
qui constituent le véritable héros : génie, patience, travail, persévérance dans l'idée conçue, confiance dans
l'appui divin, intrépidité dans l'action, résignation dans
l'adversité. Enfin il a constamment agi sous l'inspiration
du sentiment chrétien.

Remarquons que c'est par l'attente et l'épreuve que
Dieu a toujours fait mériter l'honneur d'opérer de
grandes œuvres. L'illustre Génois reconnut lui-même
que toutes les circonstances préalables de sa vie
étaient la préparation providentielle à sa future mission.
Dédaigné par sa patrie, abandonné par l'Angleterre,
trahi par le gouvernement portugais, réduit enfin à la
misère, après une foule de démarches infructueuses, et
touchant à la vieillesse, loin de se rebuter, il sentait
grandir ses convictions. Bien plus fort que l'ambition et
la cupidité, un grand mobile religieux en était le principe. Colomb voulait planter la croix dans les îles les
plus reculées de la terre, afin de réaliser le sens de
cette prophétie : *On offrira en tous lieux à mon nom
une victime pure et sainte.* Être l'instrument de ce progrès lui paraissait un rôle si digne d'envie, que, pour
l'accomplir. il se sentait le courage de tous les sacrifices.
Ils ne lui furent pas épargnés, comme nous l'avons vu;
la réalisation de ses vœux ne fut pour lui que le commencement d'épreuves plus pénibles encore que celles
qui avaient précédé ; mais ces épreuves ont porté leurs
fruits, le héros a atteint son noble but, et la prophétie
s'est réalisée. La puissance de Charles-Quint s'est écrou-

lée, mais, en quelque lieu que le soleil se lève, désormais il y éclaire la Victime sans tache, médiatrice entre le ciel et la terre ; car les missionnaires ont fait connaître le christianisme sur toute la terre.

BERNARD PALISSY.

On ne peut entreprendre de raconter l'histoire de ces infatigables lutteurs qui ont accompli à force de travail et de constance ce que leur avait inspiré le génie, sans que le nom de Bernard Palissy vienne se placer sous la plume. On dira peut-être que ce type est bien rebattu ; nous n'en disconvenons pas, néanmoins son omission eût fait lacune.

Mais, dira-t-on encore, c'est un protestant, et vous le faites figurer dans une série de modèles offerts à la jeunesse catholique !... Pourquoi pas ? Nous ne traitons pas ici une question de dogme ni de doctrine, et sans acception de croyances nous acceptons le bon exemple de quelque part qu'il vienne. Nous n'avons pas à nous occuper ici de sa vie religieuse, qui n'eut rien de commun avec ses travaux.

Bernard Palissy, né à Agen vers l'an 1500, exerçait la profession de peintre sur verre, à laquelle il ajoutait la pratique du dessin, de la géométrie et de l'arpentage.

Ces diverses professions, peu lucratives, et sujettes à de fréquents chômages, laissaient à l'imagination de Bernard le loisir de se livrer à des idées spéculatives vers lesquelles il était naturellement porté, lorsqu'un heureux hasard vint lui donner un aliment réel. Une coupe de terre émaillée, qui n'était probablement autre chose qu'une faïence italienne, tomba entre ses mains ; dès lors Palissy est animé d'un violent désir d'arriver à l'exécution d'un vase semblable.

Marié et père de deux enfants, il abandonne l'état qui assurait son existence et celle de sa famille.

On le voit alors prendre des tessons de terre, les couvrir de compositions qu'il préparait avec soin, et aller tantôt chez les potiers, tantôt chez les verriers, pour essayer ses émaux à leurs fours. Toutes ses tentatives sont infructueuses, mais le moindre succès ranime ses espérances ; de nouvelles déceptions l'accablent ; il rencontre des obstacles imprévus ; la peine, la dépense, la misère et la maladie semblent le poursuivre à la fois ; dans son atelier il est sans succès, dans le monde il est bafoué ; dans sa maison il éprouve des contradictions. La nature même de ses travaux le fait soupçonner de magie et de fabrication de fausse monnaie.

Cependant, au milieu de toutes ces traverses, son courage se fortifie. Pendant vingt ans, seul confiant dans son idée, il lutte contre la fortune, contre tous les genres de difficultés. Il croit toucher enfin au moment de réussir, lorsqu'un potier qu'il s'était attaché le quitte brusquement en réclamant son salaire. Palissy, sans ressources, sans argent, lui abandonne en payement ses propres vêtements. Mais alors c'est le bois qui vient à lui manquer pour la cuisson de l'essai auquel est attachée la dernière de ses espérances. Il emploie d'abord les treillages de son jardin, mais ces faibles aliments ne suffisent pas longtemps à l'entretien d'un feu dévorant. Palissy ne balance pas à précipiter dans le foyer, d'abord ses meubles, puis successivement les portes, les fenêtres et le plancher même de sa maison. On peut juger de la figure que devaient faire sa femme et ses enfants...

Palissy est ruiné, mais le succès a enfin couronné ses efforts, dont le résultat est cette belle poterie aux formes si gracieuses, aux couleurs si brillantes, aux arabesques si délicats et si variés, qui d'abord servit d'ornement aux palais des grands, lui obtint leur protection et lui valut le brevet d'*inventeur des rustiques figurines du roi*, ainsi que le surnom de *Bernard des Tuileries*, où le roi Henri II lui avait donné un logement.

Les poteries de Bernard Palissy sont de nouveau très-recherchées par les amateurs et les artistes, avec un empressement égal à leur rareté. Le château de Madrid, que l'on avait construit dans le bois de Boulogne par ordre de François Ier, était orné extérieurement de ses plus belles faïences; la grande cour de Saint-Germain-en-Laye renfermait des tableaux de la même nature.

Le génie actif de Palissy ne s'arrêta pas à cette découverte : il embrassa avec succès d'autres branches de connaissances.

Guidé seulement par les diverses observations que ses essais sur les terres et les émaux lui avaient donné occasion de faire, sans aucune notion du grec et du latin, il parvint à donner dans Paris même, en présence des plus habiles physiciens de son temps, un cours d'histoire naturelle dans lequel, avec une sagacité d'instinct, en partie confirmée depuis par les nouvelles observations de la science, il exposa ses idées sur toutes les espèces de terres et d'eaux, de rivières, fontaines et puits; il y examina les sources d'eaux salées et minérales, les montagnes, les stalactites, les argiles, les marnes, les métaux et les fossiles.

Bernard Palissy, après avoir consigné ses observations scientifiques dans divers ouvrages remarquables par la naïveté et la lucidité de leur rédaction, mourut à l'âge de quatre-vingt-dix ans, honoré d'une estime méritée.

La misère qui avait présidé aux commencements de sa vie de travail et de ses recherches lui avait fait adopter la devise suivante :

Povreté empêche les bons esprits de parvenir.

A notre avis, cette maxime est erronée. Les difficultés ont pu arrêter des courages médiocres, mais bien plus souvent la pauvreté est le stimulant du travail et l'aiguillon qui pousse au succès ; la mollesse et la satisfaction que donne la fortune ont, plus souvent que la gêne, empêché le développement de quelque essai laborieux, de quelque idée féconde.

LE VRAI ROBINSON.

Les annales maritimes pourraient offrir plusieurs exemples de laborieuse patience dans les positions critiques où se sont trouvés réduits certains naufragés, qui se sont soutenus à l'aide d'un courage persévérant où bien d'autres eussent pu succomber. Il est vrai que c'est un puissant aiguillon que la nécessité ! Elle donne de l'activité au plus paresseux, de l'énergie au plus faible. C'est néanmoins un mérite que de savoir faire ainsi de nécessité vertu.

Un de ces types, développé par la plume d'un romancier anglais, est devenu extrêmement populaire. Il a toutefois l'inconvénient d'allier la fiction à la vérité, et de passionner les jeunes gens pour une carrière où ils espèrent rencontrer de semblables aventures. Dans les romans, tout s'arrange ordinairement pour le mieux, au gré de l'imagination de l'auteur, et Daniel de Foë, tout en condamnant son héros à de laborieuses épreuves, lui fait rencontrer à propos des secours, faire des trouvailles sur lesquels les imprudents imitateurs de Robinson auraient tort de compter. L'histoire des naufrages, quoique féconde en drames terribles, n'a pu enregistrer tous ceux qui se sont accomplis entre le ciel et l'Océan, ni toutes les agonies qui n'ont eu pour témoins que d'horribles et stériles solitudes.

Toutefois, nous venons de le dire, Robinson n'est pas uniquement un personnage d'invention, il a eu son type original qui, pour n'avoir pas rencontré sous ses pas toutes les ressources inventées par le romancier, a néanmoins été très-particulièrement favorisé par la Providence; et c'est cette histoire véritable que nous allons raconter :

Alexandre Selkirk, né en Écosse, au comté de Fife, à la fin du xviie siècle, s'était, comme beaucoup des habitants de la Grande-Bretagne, voué de bonne heure à la carrière maritime. C'était, au rapport de plusieurs marins qui l'ont connu, un homme de bonnes mœurs et de sentiments pieux. Mais la piété, qui nous aide à combattre nos défauts, ne nous rend pas absolument parfaits. Nous avons à soutenir avec nous-mêmes un combat qui doit durer jusqu'à la mort, et, souvent défaits, nous payons les frais de la guerre, trop heureux quand à ce prix nous parvenons à remporter la victoire finale.

Bien qu'il n'eût point encore été à même de lire *René*, ce dangereux modèle des âmes rêveuses, le jeune marin était enclin à la mélancolie ; il avait aussi quelque insubordination dans l'esprit, car, étant parvenu au grade de maître d'équipage, il s'était pris de querelle avec son commandant. Plutôt que de céder à son supérieur, et prenant sans doute en dégoût sa profession de marin, peu compatible avec son goût pour l'indépendance et la rêverie, il demanda à être abandonné dans une île inhabitée, où le vaisseau *le Cinq-Ports*, sur lequel il était embarqué, avait relâché pour se munir d'eau fraîche et attendre un vent favorable.

Cette île était celle de *Juan-Fernandès*, située à cent cinquante lieues des côtes du Chili, dans l'océan Pacifique. Sa longueur est de cinq lieues sur deux de large. Elle offrait dès lors un sol fertile et un coup d'œil séduisant; les montagnes escarpées de la partie septentrionale sont couvertes d'une riche verdure; le terrain s'abaisse vers le sud et se termine, il est vrai, par des falaises battues par le vent du midi, dépourvues de toute végétation et du plus triste aspect, qui ne laissaient pas d'avoir quelque attrait pour l'âme mélancolique d'Alexandre, mais l'intérieur offre de gracieux paysages; la nature y a prodigué certains végétaux précieux, tels que le cèdre rouge, l'arbre à piment, le myrte. On y voit des nappes d'eau fraîches et limpides bondir de rocher en rocher et se répandre en ruisseaux dans les forêts, où le merle solitaire, la plaintive colombe et le brillant colibri font entendre leur ramage. Des troupeaux de chèvres sauvages grimpent sur les parois de la montagne, et se perdent sur les pics élevés. Les phoques indolents sommeillent sur le rivage, et le poisson, abondant sur les côtes, semble venir s'offrir de lui-même au filet du pêcheur.

Malgré tous les avantages que présente cette île,

découverte plus d'un siècle auparavant par un Espagnol qui lui avait donné son nom, une petite colonie avait dès lors vainement essayé de s'y établir. Le regret de la patrie, l'isolement du monde où se voyaient ce petit nombre de colons, peut-être aussi la peur du travail que nécessite un premier établissement, avaient promptement découragé ces hommes inconstants qui ne laissèrent en ces lieux d'autres traces de leur court séjour que l'abandon de quelques chèvres qui devaient devenir la souche de nombreux troupeaux.

Pendant les quelques jours que dura la relâche du *Cinq-Ports*, Selkirk eut tout le loisir d'explorer cet Éden dont il allait être le monarque, et de se rendre compte des avantages qui s'y trouvaient réunis. Néanmoins, comme *il n'est pas bon que l'homme soit seul*, ainsi que le souverain Créateur l'avait remarqué au sujet du premier homme, le nouveau solitaire, bientôt dégoûté de son isolement, dont il avait déjà eu lieu d'apprécier les inconvénients, avait fait de sages réflexions, qui le portèrent à venir présenter ses excuses au capitaine Strodling, son commandant, et à solliciter sa réadmission à son bord ; mais cet homme dur et vindicatif, au lieu d'être sensible à cette démarche qui avait dû coûter à l'amour-propre de son maître d'équipage, ne voulut pas consentir à lui faire grâce. Il semble que cette inhumanité ait attiré la malédiction divine sur le *Cinq-Ports*, qui fit naufrage à quelques mois de là. On était alors en 1704.

C'est alors que Selkirk eut besoin de puiser dans ses principes religieux la force d'âme qui devait le soutenir dans cet exil, dont on ne pouvait prévoir le terme. Il n'était d'ailleurs pas absolument dénué de tout. Par un reste de pitié, le commandant lui avait laissé emporter son lit, un fusil, une livre de poudre, des balles, une hache, un couteau, un chaudron, du tabac, ses vêtements, ses instruments de marine et quelques livres de piété, qui devaient apporter de la consolation à son cœur. Tant qu'il eut de la poudre, il fit la chasse aux chèvres sauvages, et fournit sans trop de peine à sa subsistance : mais cette ressource lui manqua bientôt, et son entretien devint alors plus précaire et plus pénible. Pendant quelque temps il y pourvut au moyen de la pêche et de la récolte des fruits sauvages ; mais, privé de pain, ce pain dont on fait si peu de cas tant qu'on l'a en abondance, Alexandre trouvait cette nourriture bien peu substantielle, et son estomac écossais demandait quelque chose de plus réconfortant. Il essaya alors de tendre des piéges aux jeunes chevreaux, mais ce fut avec peu de succès.

Il entreprit alors de se procurer à la course les animaux dont la chair et la peau lui étaient également indispensables. Il fut d'abord peu habile à cet exercice inaccoutumé ; il y persévéra cependant, et, la nécessité excitant ses forces, et Dieu qu'il n'abandonnait pas lui prêtant sans doute son secours, il parvint à atteindre le but qu'il se proposait et à devenir d'une incroyable agilité ; sautant de rochers en rochers, s'élançant sur les parois les plus escarpées, sur les arêtes tranchantes ou les pics aigus, il franchissait les torrents et bondissait par-dessus les buissons, sans craindre de meurtrir ses pieds nus, sans reprendre haleine, jusqu'à ce que l'animal poursuivi se rendît à lui, haletant ou blessé. Ces expéditions n'étaient pas toujours exemptes de mésaventures. Un jour entre autres, au moment où Selkirk venait de saisir une chèvre, il tomba avec elle au fond d'un précipice et demeura quelque temps privé

de connaissance. Ayant repris ses sens, il s'aperçut que
la chèvre gisait morte sous lui, et qu'il devait à cette
circonstance toute providentielle de n'avoir pas été tué
lui-même par les aspérités rocailleuses contre lesquelles
l'animal s'était brisé.

Au bout de quelques mois, il avait acquis une si
grande agilité que cette chasse périlleuse n'était plus
qu'un jeu pour lui. Il finit même par y trouver plaisir.
Il y a vraiment des grâces d'état ! Il lui arriva souvent,
après avoir pris une chèvre, de la marquer à l'oreille
et de la relâcher pour avoir la satisfaction de la rattra-
per. D'autres occupations, d'ailleurs, venaient varier sa
monotone existence. Les Européens qui, les premiers,
étaient venus dans l'île, y avaient planté des navets et
des choux palmistes. Selkirk entreprit de les cultiver
pour varier sa nourriture. Ses vêtements étaient usés
depuis longtemps, il les remplaça par des peaux de chèvres. Enfin, pour se délivrer du voisinage importun des
rats, qui rongeaient ses vêtements et dévoraient ses provisions, il se mit à apprivoiser de jeunes chats sauvages.

Il avait construit deux huttes dont la plus petite lui
servait de cuisine ; là, quand il avait besoin de feu, il
s'en procurait à la manière des Indiens, en frottant l'une
contre l'autre deux pièces de bois résineux. Le manque
absolu de sel fut une de ses plus grandes privations, c'est
ce qui l'empêchait souvent de manger du poisson, et
toujours de conserver une certaine provision de gibier.
On ne comprend pas qu'il n'ait pas essayé de se procurer ce condiment en creusant un bassin pour y introduire et y faire évaporer l'eau de la mer.

La plus grande des deux huttes servait à ses repas ;
c'était là aussi qu'il retrempait dans le sommeil les for-

ces de son corps, et dans la méditation et la prière les forces de son âme.

C'était surtout au temps des pluies abondantes et périodiques qui l'empêchaient de sortir que l'ennui venait assaillir ce malheureux ; il avait alors tout le loisir de réfléchir sur sa triste situation. Plein de force et de vie, se sentir à jamais séparé de ses semblables et éloigné de sa famille qui devait le croire mort, c'était un dur et douloureux martyre, auquel il ne trouvait de soulagement qu'en se réfugiant dans la pensée de la présence de Dieu et en vivant avec lui dans un commerce intime, entretenu par la prière et par de pieuses lectures, où il puisait d'innombrables consolations.

Un jour l'exilé crut toucher à sa délivrance : un navire espagnol aborda à Juan-Fernandès ; le premier mouvement du solitaire demi-nu fut de se cacher dans les bois, où il délibéra avec lui-même s'il rentrerait dans la société ou s'il demeurerait dans sa retraite. Il craignait que les Espagnols ne le traitassent en ennemi et ne l'envoyassent dans quelqu'un de leurs *presidios*, ou lieux pénitentiaires. Toutefois, le sentiment si naturel qui porte l'homme à se rapprocher de ses semblables fut celui qui prévalut ; et, ne pouvant résister à cette impulsion, Alexandre se montra timidement sur la lisière du bois où il s'était réfugié. Hélas ! ses pressentiments ne se trouvèrent que trop justifiés : les Espagnols, effrayés de cette étrange apparition d'un homme barbu et couvert de peaux de bêtes, le prirent pour un sauvage ou un orang-outang, et lui tirèrent quelques coups de fusil qui l'obligèrent à les fuir de nouveau.

Plus de quatre ans s'étaient écoulés, quatre ans qui devaient paraître des siècles, et Selkirk avait perdu l'espoir de voir jamais finir l'exil auquel il ne pouvait tout à fait s'accoutumer, quand enfin la Providence lui envoya des libérateurs dans les deux capitaines Wood-Rogers et Dampier, qui croisaient alors sur les côtes du Chili avec deux corsaires, *le Duc* et *la Duchesse de Bristol*. Le 1er février 1709, ils abordèrent à Juan-Fernandès, et Selkirk se rendit à eux. Dampier, qui l'avait connu autrefois, intervint en sa faveur, et Wood-Rogers le reçut à son bord. C'est ce dernier qui a transmis les détails les plus circonstanciés sur le naufrage et les aventures de ce marin, qui avait réalisé en sa personne tout ce qu'il y a eu de vrai dans le récit imaginaire de Daniel de Foë. Selkirk, qui, par suite d'un fréquent exercice, avait acquis une si grande habileté à la course avait, par le défaut d'un autre exercice, presque entièrement perdu l'usage de la parole, et il fut assez longtemps avant de pouvoir se faire comprendre. L'histoire ne nous dit pas la suite de la vie d'Alexandre Selkirk, et si, rentré dans la société qu'il avait tant regrettée et rendu aux misères de ce monde, il eut jamais envie de retourner à Juan-Fernandès.

HAYDN.

L'art musical, si dissipant par lui-même, si souvent profané par ceux qui l'exercent et qui tirent de ces cordes divines les accents des passions humaines, a eu cependant ses adeptes purs et ses gloires sans tache. Nous pourrions citer entre autres les noms de Pergolèse, Haydn, Mozart...

La légende se mêle à l'histoire de l'illustre auteur du *Stabat mater*, et nous la réservons pour la mettre dans un recueil de ces traditions poétiques consacrées par la voix populaire, mais dont il ne faut accepter certains détails que sous toute réserve[1]. La vie de Mozart, enveloppée de moins de nuages, mais favorisée dès le berceau, ne serait pas à sa place parmi cette catégorie d'hommes militants que nous avons surnommés les soldats de Gédéon et qui cheminèrent longtemps dans un âpre sentier, forts de leur confiance en Dieu et de leur humble et infatigable courage.

La jeunesse de Haydn nous offre le spectacle d'une de ces luttes difficiles, laborieux prélude d'une vie qui, pour être devenue plus heureuse, ne resta pas moins sans reproche. Il convenait que le chantre des œuvres de Dieu eût cette pureté de l'âme qui initie à la contemplation divine et fait entendre les chœurs des séraphins.

Il se nommait Joseph : nom d'un heureux augure, qui place celui qui en est doué, sous le plus favorable patronage.

Rien de plus humble que l'origine du jeune Haydn, né le 30 mars 1732, au village de Rohran en Autriche : son père était un pauvre charron, qui, tout ouvrier qu'il était, avait des instincts d'artiste, et se délassait de ses pénibles occupations en pinçant les cordes d'une mauvaise harpe qu'il accompagnait de ses chants rustiques. Ce fut cependant en écoutant ces accents imparfaits que le petit Joseph et ses deux frères commencèrent à manifester des dispositions musicales. Un de leurs parents, maître d'école de la petite ville d'Haimbourg, se chargea de Joseph dès l'âge de six ans ; il lui apprit à lire, à écrire, quelques éléments de latin et les premiers principes de la musique. L'enfant apprit même dès lors à s'essayer sur plusieurs instruments.

[1] Voir le *Foyer chrétien*, par Mme de Gaulle. Paris, librairie Sarlit.

Joseph n'avait pas encore huit ans que le maître de chapelle de la cour et de la cathédrale de Vienne, ayant eu occasion de le rencontrer chez le maître d'école, comprit tout le parti qu'il pourrait tirer d'une si heureuse organisation, et pria l'instituteur de lui céder ce jeune élève pour remplacer un de ses enfants de chœur qui venait de perdre sa voix. L'éducation musicale de Joseph se perfectionna à cette école, où il passa huit années, non sans y recevoir, ainsi que chez son parent, force coups et punitions. Le talent devait récompenser ces pénibles épreuves ; la belle haute-contre du jeune virtuose attirait la foule à la cathédrale de Saint-Étienne ; mais, la voix du jeune homme ayant changé de nature, le maître de chapelle, dont il ne pouvait plus faire l'affaire, prenant pour prétexte une innocente espiéglerie, eut l'indignité de le renvoyer brusquement un soir en plein mois de novembre, sans argent, et avec des vêtements fort usés.

Le pauvre Joseph, trop fier pour mendier, passa la nuit dans la rue, couché sur un banc de pierre. Le lendemain matin, Haydn racontait sa triste position aux passants, et des veilleurs de nuit voulaient l'arrêter comme vagabond, lorsqu'il fut reconnu par un musicien ambulant nommé Spangler.

Spangler était extrêmement pauvre. La carrière des arts est souvent si ingrate ! Il n'avait pour lui, sa femme et ses enfants, qu'un misérable grenier sans fenêtre et sans poêle. Cependant le bon cœur du musicien le porta à offrir à Joseph un coin dans son chétif réduit, et une place à sa table plus que frugale. Joseph accepta avec joie ; il devait reconnaître plus tard ce bienfait désintéressé.

Un brave perruquier qui demeurait en bas de la

maison dont nos artistes habitaient le sommet, voulut venir en aide à la bonne œuvre de Spangler. Dans une pareille position, rien n'est à dédaigner; la chétive bourse et l'humble protection de l'honnête artisan, qui se piquait de se connaître en musique, furent d'un précieux secours à ces virtuoses indigents.

Désirant être le moins possible à charge à ses nouveaux amis, Haydn désirait trouver à utiliser ses facultés musicales; mais inconnu, et mal vêtu comme il l'était, comment obtenir de donner des leçons ou d'être admis dans un orchestre ? En attendant qu'une occasion se présentât, il étudiait du matin au soir sur un mauvais clavecin qui se trouvait chez son hôte indigent. Il composait aussi de ravissantes sonates, mais qui n'avaient que ses hôtes pour auditeurs, et il lui était aussi impossible de faire graver ses compositions que de se procurer l'habit neuf dont il avait besoin.

Cependant le perruquier, qui aimait à causer, comme en général ceux de sa profession, et qui avait cette fois un si louable motif pour exercer sa langue, proclamait partout le talent et l'intéressante position de son jeune protégé. On a toujours un peu l'oreille de ceux dont on tient en main la barbe et la chevelure; mais ces discours ne pouvaient guère aboutir qu'à exciter la pitié, car son appréciation du talent inspirait peu de confiance.

Or, il se trouva que dans cette maison, abritant sous son toit la misère hospitalière du bon Spangler, un riche appartement était occupé par le poëte Métastase. Lui aussi était né pauvre et s'était frayé son chemin dans le monde à force de talent. A l'âge de quatorze ans il avait fait une tragédie qui annonçait de telles dispositions, qu'un célèbre jurisconsulte romain lui avait fourni les moyens d'étudier, et, plein d'estime pour son mérite, lui avait légué plus tard sa fortune, au moyen de laquelle le poëte italien s'était établi à Vienne. L'homme arrivé attacha peu de créance aux éloges que le Figaro lui faisait du talent musical du jeune Haydn ; toutefois, pour tendre une main secourable à l'infortune, il consentit à lui donner pour élève sa nièce, une enfant, en ne lui donnant pour tous honoraires que la simple nourriture. Cette rétribution n'était digne ni du mérite déjà remarquable du jeune artiste, ni de l'éminent écrivain qui aurait dû mieux l'apprécier. Mais c'était un soulagement pour les indigents associés, dont l'état de gêne devait durer encore longtemps.

Cependant, toujours grâce à l'humble mais persévérante protection du barbier, Haydn obtint l'emploi d'organiste des Pères de la Miséricorde, à raison de 60 florins (250 francs) par an. Quelquefois aussi il touchait l'orgue de la chapelle du comte de Haugwigt, chantait dans une autre église ou accompagnait de son violon, et tous ces petits emplois lui fournissaient à peine le strict nécessaire.

Il sentait le besoin d'étudier sous un grand maître, afin d'acquérir la perfection de son art. Dans cette vue, il sollicita les leçons de Porpora, vieux maître de chapelle qui était commensal de l'ambassadeur de Venise à Vienne.

Porpora était un vieillard quinteux et morose, peu bienveillant de sa nature ; il ne se souciait guère de perdre son temps à donner des leçons qu'on ne lui payerait qu'en reconnaissance. Haydn parvint cependant à en obtenir quelques bons conseils ; mais que ne dut-il pas faire pour captiver les bonnes grâces du professeur récalcitrant ! Résigné au rôle de domestique, il se levait avant le jour pour brosser les habits, nettoyer les souliers, préparer la perruque du maître, et se regardait comme très-heureux lorsque ses soins journaliers n'étaient pas accueillis par quelques bourrades. A la fin, tant de persévérance, d'abnégation, et peut-être aussi ses rares dispositions musicales, triomphèrent de la résistance de Porpora ; touché des soins et des attentions respectueuses de ce domestique volontaire, il consentit à lui donner quelques leçons, et le fit avec tant de succès que l'ambassadeur, ayant eu lieu de remarquer les progrès du jeune homme, lui fit une pension de six sequins par mois.

Haydn se trouva alors le plus heureux des hommes : il put largement acquitter sa part des charges de la communauté, et, désormais honorablement vêtu, il n'en mit que plus d'ardeur à rechercher en ville des leçons dont le produit augmenta le bien-être du ménage de son hôte; il ne cessait de composer des morceaux qu'il faisait jouer à ses élèves; mais il y attachait si peu d'importance qu'il les leur laissait et ne s'en occupait plus, une fois qu'ils étaient composés. Quelques-uns de ces morceaux furent entendus par des appréciateurs dignes de les comprendre ; plusieurs furent gravés sans le consentement et à l'insu de leur auteur, qui ne se doutait même pas qu'il pût tirer le moindre profit de son talent de compositeur, et sa réputation commençait déjà à se répandre à Vienne et chez les éditeurs, sans que, dans sa naïve modestie, il se crût autre chose qu'un pauvre musicien gagnant péniblement sa vie à donner des leçons et à jouer dans quelques orchestres.

A ce propos on raconte de lui une histoire charmante, que nous ne pouvons résister au désir de reproduire ici, car elle y est à sa place. Nous l'empruntons à un recueil [1] qui a négligé d'en faire connaître la source.

«Un jour il fut appelé pour accorder un clavecin chez la comtesse de Thun; il fut introduit, par un laquais, dans un splendide salon et laissé seul devant un superbe clavecin pour s'y acquitter de sa besogne. Quand le clavecin fut accordé, Haydn compara ce magnifique instrument à la chétive épinette où il travaillait si assidûment. Ce n'était pas les riches peintures dont était orné le clavecin et sa forme élégante qui le séduisaient; c'étaient ses trois claviers, ses jeux de toute espèce, le son superbe de l'instrument, et le profit que l'on en pouvait tirer, qui excitaient son envie. Que les gens riches sont heureux, se disait-il, d'avoir des appartements assez grands pour y loger de si beaux et si vastes instruments! Pour une fois au moins et pour quelques minutes, je veux jouir de leur bonheur, et, puisque j'ai accordé ce clavecin, j'ai bien le droit de l'essayer et de m'en servir pendant quelques instants. Il se mit alors à improviser. La supériorité de l'instrument excitait son génie; il s'abandonna à toute la verve de ses idées. Depuis une heure, perdu dans un autre monde, celui des poëtes et des musiciens, il se laissait aller à toutes les rêveries de son génie et aurait sans doute encore continué longtemps, si, en levant les yeux par hasard, il n'eût distingué devant lui une jeune femme pensive et cependant émue par ces accords merveilleux. Elle l'écoutait depuis longtemps sans qu'il se fût même aperçu de sa présence; il se hâta de quitter le clavecin, tout confus d'avoir un témoin de l'indiscrétion qu'il s'était permise.

«— Qui êtes-vous, mon ami? lui dit la dame, d'une voix douce et rassurante.

[1] *Annales de la première communion.*

« — L'accordeur qu'on a fait appeler ; et, ayant terminé de mettre cet instrument en état, j'ai voulu l'essayer et je me suis oublié. Pardonnez-moi, Madame.

« — Vous êtes tout pardonné, interrompit la jeune femme sans le laisser achever ; c'est moi, au contraire, qui suis coupable de vous avoir empêché d'achever le morceau que vous exécutiez ; il est bien beau, voudriez-vous me le redire ?...

« — Mon Dieu, Madame, je vous en jouerai un autre si vous le désirez, mais il me serait impossible de vous répéter celui-là.

« — Impossible ! et pourquoi ?

« — Parce qu'il n'existe pas. En essayant ce clavecin, je laissais courir mes doigts au hasard ; la beauté de l'instrument m'a peut-être mieux inspiré qu'à l'ordinaire, et ce que vous voulez bien appeler un morceau, n'était qu'une improvisation sans importance.

« — Une improvisation ?... de vous ?

« — Certainement de moi, Madame ; puisque j'improvisais, il fallait bien que ce fût de moi.

« Haydn n'était pas encore assez au fait du monde pour savoir que, lorsqu'il échappe une sottise à quelqu'un dont on dépend ou dont on a besoin, il faut avoir garde de la relever. La jeune dame ne pouvait cependant croire que le petit jeune homme, assez mal tourné, qu'elle avait devant les yeux, fût l'auteur de la belle musique qui l'avait frappée.

« — Comment vous nomme-t-on donc, monsieur l'improvisateur ? lui dit-elle.

« — Joseph Haydn.

« — Haydn ! seriez-vous le fils ou le parent de ce musicien mystérieux que personne ne connaît, et dont plusieurs morceaux ont déjà tant de vogue ?

« — Je ne sais, Madame, s'il est un musicien de mon nom que l'on admire et que l'on ne connaisse pas : quant à moi, mon père est charron et sacristain au petit village d'Arrach, et, pour mon compte, je suis très-connu de plusieurs personnes de Vienne : vous pouvez vous informer de moi auprès de M. Spangler et de M. Keller.

« — Je n'ai pas l'honneur de connaître ces deux messieurs, pourriez-vous me dire qui ils sont ?

« — Tous deux sont mes meilleurs amis : le premier est un fort bon musicien avec qui je demeure et dont je partage la bonne et la mauvaise fortune. Le second est un perruquier qui demeure dans ma maison et qui a beaucoup de goût, je lui joue toute la musique que je compose, et il en est quelquefois très-satisfait.

« — C'est inconcevable ! se dit la dame... Ah ! une dernière épreuve peut me donner le mot de cette énigme, et, saisissant un morceau de musique parmi ceux rangés dans un casier placé sous le clavecin, elle le plaça sur le pupitre. Jouez-moi cela, Monsieur, dit-elle en ouvrant le morceau de musique à la première page.

« Haydn y eut à peine jeté un coup d'œil, qu'il s'éria :

« — Mais c'est une de mes sonates, et gravée encore ! Ah ! quel plaisir ! quel bonheur ! Ah ! Madame, donnez-moi ce morceau, je vous en prie. Ma musique gravée, publiée !

« — Un instant, dit la dame, puisque ce morceau est de vous, vous n'aurez sans doute pas besoin de la musique devant vos yeux pour l'exécuter ; quand vous me l'aurez fait entendre sans regarder la musique, je vous donnerai le cahier, je vous le promets ; voyons, commencez.

« Et elle avait retiré la sonate du pupitre et suivait des

yeux sur le cahier qu'elle tenait à la main. Haydn s'était mis au clavecin, et il exécuta la sonate d'un bout à l'autre ; mais, électrisé par l'espèce de défi porté à son honneur par celle qui semblait douter qu'il fût bien l'auteur de son propre ouvrage, il ajouta quelques traits plus difficiles et plus brillants que ceux qu'il avait écrits, et se surpassa dans l'exécution de son morceau.

« La comtesse de Thun, car c'était elle que les sons du clavecin avaient attirée du fond de ses appartements dans ce salon, la comtesse voulut connaître par quelle circonstance un compositeur d'un tel mérite en était réduit à faire le métier d'accordeur. Haydn fut obligé de raconter toute son histoire, sans en omettre aucun détail.

« — Monsieur Haydn, lui dit alors la comtesse, vous allez emporter cette sonate gravée que vous avez paru désirer ; mais en échange il faut que vous contentiez un caprice de femme qui vient de me venir à l'instant ; je désire que vous composiez pour moi une sonate dont je vous prie de m'apporter le manuscrit dès que vous l'aurez terminé, et je vous demande la permission de vous la payer d'avance ; et elle remit à Haydn une somme de vingt-cinq ducats. Pour lui c'était la fortune. La fortune effectivement changea subitement pour lui. Grâce à la protection de la comtesse, il fut présenté aux premiers personnages de l'empire, et, quelques années après, il entra dans la maison du prince Esterhazy, où il passa la plus grande partie de sa vie. Son premier soin fut de faire admettre Spangler au nombre des musiciens de Son Altesse et de témoigner à Keller sa reconnaissance. »

Ici devait se borner notre esquisse : désormais Haydn n'est plus un pauvre *soldat de Gédéon,* luttant péniblement contre la mauvaise fortune, c'est un prince de

l'art, arrivé bientôt au faîte des honneurs et à l'apogée
de la gloire. Et la suite de son histoire est surtout dans
l'immense catalogue de ses œuvres, parmi lesquelles il
faut citer quinze messes en musique, des *Te Deum*, des
oratorio, un *Stabat* et beaucoup d'autre musique sacrée,
outre celle du poëme de la *Création*, qui est son œuvre
la plus célèbre.

Il fit un voyage en Angleterre où il fut comblé de
toute sorte d'honneurs, et où le roi et la reine essayèrent
vainement de le retenir par les offres les plus brillantes.
Haydn refusa par amour pour sa patrie et par reconnaissance pour le prince Esterhazy, qui l'avait comblé de
marques de sa protection.

On raconte qu'ayant acheté une petite maison dans
un faubourg de Vienne, et s'y étant établi commodément dans l'espoir d'y finir ses jours, Haydn apprit avec
douleur que ce quartier avait été incendié pendant une
de ses absences. Avec sa maison l'artiste perdait tout ce
qu'elle contenait. Le prince Esterhazy ordonna sur-le-
champ de lui en rebâtir une pareille au même endroit,
et il chargea M. Pleyel du soin de remplacer les meubles, le linge, les ustensiles, tout enfin ce que l'incendie
avait dévoré, par des objets absolument semblables. Cet
ordre fut exécuté avec tant d'intelligence qu'Haydn put
croire à son retour que sa maison avait été seule épar-
gnée dans ce désastre général. Mais l'unique partition
de son *Armide* avait été dévorée par les flammes, et rien
ne pouvait le consoler de cette perte. Mais par une heureuse infidélité, M. Pleyel, disciple du grand maître,
avait fait copier furtivement ce chef-d'œuvre que Haydn
ne communiquait à personne, et put ainsi le rendre au
bonheur.

Haydn fut l'ami de Mozart, dont il admirait le mérite.

Tous les bons sentiments avaient place dans son cœur. Il fut bon fils, bon parent; il eut grand soin de sa famille pendant sa vie, et fit en mourant des legs à ses parents pauvres. Il avait deux frères, qui, sans atteindre à sa hauteur, se distinguèrent dans l'art musical et dont il avait protégé l'avenir. Enfin, Haydn fut un des artistes dont le caractère fut digne de cette noble profession; et ce caractère, en même temps que son génie, s'était formé à l'école du malheur et développé dans une atmosphère de travail et de privations salutaires.

JACQUARD.

Il y a plus de soixante ans, les ouvriers en soie, les *canuts* de Lyon, étaient une race misérable et abâtardie. On les distinguait à leur costume héréditaire; mais ce qui faisait d'eux surtout une espèce à part dans la population et l'industrie lyonnaise, c'était autre chose que la singularité des habitudes et la forme des vêtements. Ils portaient l'empreinte de la souffrance. A leurs membres grêles et difformes, à leur parole traînante, à leurs traits pâles et abattus, on voyait bien que le travail altérait en eux le principe de la vie. Ils se plaignaient peu, ils se révoltaient encore moins; mais ce peuple d'ouvriers, malgré les émigrations des montagnards, qui venaient chaque année le renouveler, allait dégénérant et dépérissant tous les jours.

Un coup d'œil jeté sur les ateliers révélera toute l'étendue de leurs misères. Le travail se faisait en famille, dans des taudis où le jour ne pénétrait qu'à travers des carreaux de papier. Les métiers les plus riches, ceux qui tramaient en arabesques variées l'or, l'argent et la soie, avaient un mécanisme coûteux, compliqué, difficile à manier, embarrassé de cordes et de pédales. Cette fabrication était sujette à de fréquents chômages, pendant lesquels, pour supporter plus facilement une diète forcée, l'ouvrier était souvent réduit à se serrer le ventre avec une ceinture de cuir. Dans la saison du travail, c'étaient d'incroyables fatigues : il fallait soumettre le corps à des contorsions violentes, se couvrir de sueur et se priver de sommeil. L'ouvrier chargé du tissage, assis sur un escabeau élevé, devait lancer ses jambes pour donner aux fils de la chaîne les diverses positions qu'exigeait le brochage ou le façonnage de l'étoffe. Un ou plusieurs ouvriers étaient encore nécessaires pour mettre les cordes et les pédales en mouvement. On y employait généralement des enfants et surtout des jeunes filles, appelées *tireuses de lacs*. Celles-ci ne pouvaient conduire le métier qu'en gardant, pendant des journées entières, des attitudes forcées qui déformaient la taille, arrêtaient la croissance et souvent même abrégeaient la vie. La santé des enfants et la moralité des parents se perdaient tout à la fois dans ces épreuves d'une industrie meurtrière.

Tout est changé maintenant à Lyon, la condition des ouvriers comme les procédés de l'industrie. Le travail ne les fait pas toujours vivre, mais du moins il ne les tue pas. Cette race de *crétins* est devenue une population virile. Dans les salles d'asile, dans les écoles, dans les ateliers, c'est une nuée d'enfants gais et joufflus avec les vives couleurs de leur âge. Les hommes faits paraissent sains et dispos. Quand la foule des ouvriers va chômer le dimanche, dans les guinguettes des Brot-

teaux, il est facile de reconnaître les progrès du bien-
être et de l'aisance.

Cette révolution dans le sort des ouvriers, encore
mêlée de bien et de mal, mais qui leur ouvre de nouvelles voies, est due au génie d'un simple ouvrier.

L'auteur de ce progrès, Joseph-Marie Jacquard,
naquit à Lyon le 7 juillet 1752. Son père était ouvrier
en étoffes d'or et de soie, sa mère *liseuse de dessins*. Ne
voulant pas hériter de la profession de ses parents, le
jeune homme apprit d'abord l'état de relieur de livres.
Il n'y persévéra point, et nous le retrouvons plus tard
dirigeant une petite fabrique de chapeaux de paille,
marié et père de famille. Habitant une petite maison
que les sueurs de ses parents lui avaient acquise, il eût
pu s'y trouver heureux sans la révolution de 1793, qui
ne fit que des ruines. Sa maison fut brûlée lors du siége
de Lyon, et lui-même allait être fusillé sans l'énergique
dévouement de son fils, qui servait dans les rangs de
l'armée républicaine, et qui, pour sauver son père, le
couvrit d'une cocarde tricolore, lui mit aux mains un
fusil et l'inscrivit comme volontaire sur les contrôles
d'un bataillon. Force fut ainsi au pauvre père d'accompagner à la frontière ce fils, qu'il eut la douleur de voir
mourir sous ses yeux frappé d'une balle.

Bientôt Jacquart put revenir à Lyon, où il chercha
dans le travail une diversion à sa douleur, et un aliment
à son activité.

La Société royale de Londres avait proposé un
prix considérable pour l'inventeur d'un procédé
mécanique applicable à la confection des filets. Un
extrait de ce programme, traduit par un journal
français, tombe sous les yeux de Jacquard. Dès ce moment, il a conscience de sa vocation, tardivement révé-

lée. Après bien des essais infructueux, la machine est trouvée ; Jacquard fabrique un filet, le met dans sa poche, et, chose étrange, il n'y pense plus. Un jour cependant, se rencontrant avec un ami qui avait entendu lire le programme, il jette le filet sur la table et s'écrie : « Voilà la difficulté vaincue. » Soit qu'il ne voulût point de l'or de l'Angleterre, soit qu'il n'attachât pas une importance sérieuse à sa découverte, il ne s'occupait aucunement du résultat ni du prix proposé. Apparemment son ami y songea pour lui.

Napoléon, alors premier consul, jaloux d'encourager les progrès de l'industrie aux dépens des Anglais, voulut voir l'inventeur de cette machine qui pouvait avoir tant d'avenir.

Une escorte alla chercher le modeste artisan dans son logis et le conduisit avec sa machine à Paris, au Conservatoire des Arts et Métiers. Le lendemain, un homme vêtu en redingote bleue se présentait au Conservatoire, examinait le *métier à la Jacquard* et admirait comment un seul ouvrier peut suffire au rouage, exempt de travaux pénibles et insalubres. Cet homme était Napoléon Bonaparte. « Mon ami, lui dit-il, votre fortune est faite, vous recevrez une pension de six mille francs et vous serez logé au Conservatoire des Arts et Métiers. » Jacquard y perfectionna sa machine, et, l'appliquant à différents genres de tissus, il fabriqua un châle magnifique pour l'impératrice Joséphine.

Mais Austerlitz attendait Napoléon. Il perdit de vue Jacquard et ses métiers. A l'exposition de 1802, le jury crut acquitter la promesse du premier consul « en accordant une médaille de *bronze* à M. Jacquard, comme inventeur d'un mécanisme qui supprime un ouvrier dans la fabrication des tissus. » Ce sont les propres termes du rapport.

Après n'avoir obtenu à Paris que l'indifférence, Jacquard, retournant à Lyon, y recueillit la persécution. Lorsqu'il voulut y introduire sa machine, les ouvriers s'ameutèrent contre lui. De toutes parts on le dénonçait comme l'ennemi du peuple, et l'homme qui devait réduire les familles à la mendicité. Trois fois sa vie fut menacée, et cette haine aveugle en vint à une telle exaspération, que les prud'hommes crurent devoir détruire publiquement le nouveau métier. Il fut mis en pièces sur la place des Terreaux, aux acclamations des spectateurs.

Le métier Jacquard supprimait, en effet, un ouvrier dans la fabrication des étoffes de goût, et les hommes égarés qui le repoussaient n'avaient pas compris qu'en simplifiant les rouages de la production, il devait multiplier le travail. Il donnait à l'industrie française le moyen d'étendre ses produits dans le genre où la supériorité lui est acquise sur tous ses concurrents, dans les étoffes de luxe qu'enrichit l'art du dessin. Déjà, et à mesure que le monopole des tissus unis échappait au Lyonnais par la concurrence des fabriques étrangères, celui des tissus de luxe prenait de plus grands développements.

Quatorze ans après, au commencement de la Restauration, Jacquard reçut dans sa retraite de Lyon une visite du célèbre Watt, l'inventeur des machines à vapeur. L'Anglais s'indigna de l'indifférence des Français pour l'admirable découverte de Jacquard, et proposa au mécanicien de passer en Angleterre, où, lui assurait-il, l'attendaient la gloire et la fortune. Jacquard releva avec fierté sa tête couronnée de cheveux blancs : « Monsieur, répondit-il, je gratterais plutôt la terre avec mes ongles que d'aller porter aux rivaux de l'industrie française les moyens de la vaincre. » James Watt n'en conçut qu'une plus grande estime pour Jacquard, et se promit bien en partant de faire penser au pauvre solitaire. Bientôt, en effet, cet homme, trop longtemps méconnu, recevait un parchemin sur lequel on lisait ces mots : « *Pour avoir bien mérité de la patrie.* » C'était un brevet de chevalier de la Légion d'honneur ; récompense plus que méritée, et j'ose le dire insuffisante pour l'immense service qu'il avait rendu à l'industrie.

Vous sèmerez, et d'autres recueilleront, avait dit le Sauveur. Nous voyons en Jacquard une nouvelle preuve de cette prédiction, tant de fois vérifiée. Cela doit nous apprendre à travailler pour une fin plus élevée que la réputation et les biens de ce monde. Jacquard n'a pas vu le succès de son métier, qui est aujourd'hui universellement adopté, et sert à la fabrication des tissus de tout genre. Il a enrichi bien des industriels, et les ouvriers qu'il fait vivre en bénissent l'inventeur qu'on leur propose pour modèle. Cet homme de bien, ce martyr, à qui Dieu réservait sans doute une plus haute récompense que la tardive justice rendue aujourd'hui à sa mémoire, mourut presque octogénaire, dans les sentiments d'humilité qui l'avaient animé toute sa vie.

LE COMMANDANT BLIGH ET SES COMPAGNONS.

I

Le lieutenant Bligh, ancien compagnon du célèbre capitaine Cook, fut chargé par le gouvernement anglais d'une expédition ayant pour but de transplanter, dans diverses colonies anglaises, *l'arbre à pain* très-abondant dans l'Océanie. Cet arbre est ainsi nommé parce que son fruit a beaucoup de rapport avec l'aliment le plus habituel de l'homme ; il en a le goût et la consistance, et il devait être d'une grande ressource pour les colons d'Amérique, qui en réclamaient l'acclimatation.

Bligh avait donc la double mission de se rendre à Tahiti pour recueillir des plants de cet arbre, et de se diriger ensuite vers les Indes Occidentales, pour les enrichir de ce trésor. Il s'embarqua en 1787, accompagné de quarante-six personnes, sur le navire *the Bounty* (*la Bonté*), de 215 tonneaux. Après dix mois de navigation, il arrivait à la première de ces deux destinations, où tous reçurent le meilleur accueil, et où, pendant une relâche de six mois, furent recueillis plus de mille pieds de l'arbre à pain, arrangés dans des pots et des caisses, et accompagnés de toutes les précautions nécessaires pour les préserver durant la traversée.

Mais, pendant cet espace de temps, l'équipage de la *Bounty* s'était accoutumé au doux climat de Tahiti.

Quitter ces lieux enchanteurs pour se remettre sous la discipline d'un capitaine sévère et réputé très-dur, quoiqu'il ne fût peut-être que juste, parut un trop grand sacrifice à des hommes qui avaient contracté des habitudes de mollesse et qui laissaient des affections à Tahiti. Les adieux ne furent que provisoires et des promesses de se revoir furent échangées. Dès lors un complot s'était formé, mais il n'éclata qu'après vingt-deux jours de navigation. A la tête des révoltés était Fletcher Christian, lieutenant en second, jeune homme de bonne famille, et jusque-là sans reproche.

Brusquement réveillé du sommeil le plus calme, le commandant Bligh voit sa chambre envahie au point du jour par des hommes armés, et est menacé de mort ; les

mains lui sont liées derrière le dos, et il est entraîné
de force sur le pont avec dix-huit personnes qui lui
étaient restés fidèles. On les contraint de s'embarquer
sur une chaloupe non pontée, avec peu de provisions, et on les abandonne ainsi sur le vaste Océan,
sans autre moyen de se gouverner qu'un octant, une
boussole et une petite provision de toiles et de cor-
dages.

C'est ici qu'il faut admirer le caractère énergique et le
sang-froid persévérant de Bligh, qui savait s'assujettir lui-
même à la discipline qu'il imposait aux autres. Le voyage
de douze cents lieues qu'il sut exécuter, en dirigeant
cette frêle embarcation, est un chef-d'œuvre de calcul
et de persévérance. La chaloupe était pesamment char-
gée avec ces dix-neuf personnes, et quoique leurs provi-
visions de bouche fussent insuffisantes, on n'aurait guère
pu ajouter à la charge sans danger.

La première pensée de Bligh était de débarquer à
l'une des îles des Amis, mais il y fut fort mal reçu par
les insulaires, qui massacrèrent un de ses hommes;
les autres n'évitèrent le même sort qu'en se rembarquant
à la hâte. Plus loin, des cannibales se mirent à leur
poursuite, et ils ne purent leur échapper que par une
manœuvre habile. Voyant le danger de ces côtes,
Bligh résolut de se diriger sur Timor, et organisa son
service en conséquence. Il fit promettre solennellement
à tout son petit équipage que chaque homme se con-
tenterait d'une once de pain et d'un quart de pinte
d'eau par jour, avec une once et demie de porc, une
demi-pinte de lait de coco et une cuillerée à thé de
rhum. Cette ration était mesurée très-exactement par
le commandant lui-même, qui s'était fabriqué à cet effet
une balance ayant pour plateaux deux coquilles de noix

de coco ; une balle de pistolet de 25 à la livre servait
de poids. Il fallut plus tard réduire de moitié cette chétive portion. De plus les malheureux eurent à souffrir
des ardentes chaleurs tropicales. contre lesquelles ils
étaient sans aucun abri, aussi bien que contre la pluie
qui trempait leurs vêtements ; elle leur fournit cependant une ressource précieuse en augmentant leur provision d'eau douce. Ils en recueillirent ainsi un hectolitre
qui leur parut un véritable bienfait de la Providence.

La nourriture de l'âme était réglée chez eux comme
celle du corps et soutenait leurs forces morales. Le
commandant avait composé une prière qu'il faisait répéter fréquemment à ses subordonnés, et qui, appro-
priée à la situation, exprimait des sentiments de contri-
tion, d'invocation et d'actions de grâces. Oui, d'actions
de grâces ! car ils regardaient avec raison comme providentielle leur conservation quotidienne au milieu de
tant de périls, ainsi que les rares soulagements qu'ils
rencontrèrent. Un jour ils purent débarquer sur une des
côtes de la Nouvelle-Hollande et s'y rassasier d'huîtres,
d'eau fraîche et de baies sauvages. Ils y passèrent la
nuit sur un sable fin où ils purent s'étendre à l'aise,
faculté qui leur manquait absolument dans l'étroite et
humide chaloupe. Mais force leur fut de la regagner dès
le matin, à cause des indigènes de cette côte inhospi-
talière. Un autre jour ils attrapèrent un oiseau gros
comme un pigeon, qu'ils durent manger cru après
l'avoir partagé en dix-huit morceaux. Les requins et
les brisans ne leur donnèrent pas moins de peine que
les hommes ; la moitié de l'équipage veillait quand
l'autre prenait quelque repos. Au milieu de cette cruelle
agonie, la discipline et la patience ne se démentirent
point, et l'union continua de régner parmi ce petit équi-

page. Cependant Bligh, en marin consommé qu'il était, continuait ses observations géographiques et les consignait sur un calepin, signalait des écueils et découvrait même une petite île qui en était entourée, et qu'il nomma l'île de la *Direction*.

Enfin, tant de persévérance fut récompensée. La chaloupe aborda devant Timor, la plus orientale des îles de la Sonde, but de leur périlleux voyage, qui avait été de quarante-huit jours et d'autant de nuits. L'équipage débarqua à Coupang, où le gouverneur hollandais et les colons lui firent le plus bienveillant accueil. Il était temps : les forces des pauvres marins étaient épuisées. L'un de ces malheureux mourut de la fièvre à Timor ; d'autres restèrent à Batavia, où ils s'étaient rendus depuis ; et onze seulement s'embarquèrent pour l'Angleterre. Le commandant Bligh fit un rapport qui souleva l'indignation générale contre l'attentat dont lui et ses compagnons avaient été les victimes.

II

Nous avons eu pour but principal de peindre la courageuse constance et la prudente conduite de Bligh et de ses compagnons durant cette navigation dans des circonstances si critiques ; mais il convient peut-être, pour la satisfaction de nos lecteurs et la complète moralité de cette histoire, que nous fassions voir l'expiation à la suite du crime.

Les révoltés de la *Bounty* ne devaient pas jouir longtemps du fruit de leur attentat. La division ne tarda pas à se mettre parmi eux ; retournés à Tahiti, objet de leurs vœux coupables, chacun voulut imposer aux autres des lois qu'aucun n'était disposé à reconnaître. L'un d'eux réussit cependant à se faire roi ; mais il fut bientôt assassiné par un autre qui avait la même ambition. Celui-ci fut lapidé par les naturels, et les autres se dispersèrent dans la crainte des recherches que le gouvernement anglais ne manqua pas en effet de faire. La frégate *la Pandore*, commandée par le capitaine Edwards, fut expédiée à cette fin avec ordre de fouiller les archipels de la Société et des Amis, et de s'emparer, pour les ramener en Angleterre, de tous les mutins qu'elle pourrait découvrir. On parvint à en trouver quatorze, disséminés dans Tahiti. Neuf autres en étaient repartis avec la *Bounty*, dont on n'eut pendant vingt ans aucune nouvelle. Ce qu'ils étaient devenus, nous le dirons tout à l'heure.

Les quatorze prisonniers arrêtés à Tahiti furent enfermés dans une cage de fer ; mais la *Pandore* qui les portait fit naufrage. Quatre des révoltés périrent, ainsi que trente hommes de l'équipage ; les autres étant parvenus par un effort désespéré à se dégager de leurs fers, partagèrent les souffrances endurées par les naufragés. Six de ces inculpés parvinrent en Angleterre, où ils furent jugés et condamnés à mort ; mais trois d'entre eux furent graciés, attendu des circonstances atténuantes que le commandant Bligh lui-même fit valoir en leur faveur.

L'instigateur et le chef de la révolte, Fletcher Christian, n'avait pu être retrouvé. Il avait quitté Tahiti avec huit de ses compagnons, avec quelques naturels du pays et des femmes, en tout vingt-huit individus, embarqués à bord de la *Bounty*, pour aller chercher quelque établissement où ils fussent en sûreté ; ce fut ainsi qu'ils abordèrent à l'île Pitcairn, qu'ils trouvèrent inhabitée. Un rempart de rochers en rendait l'accès difficile, et le premier navigateur qui l'avait aperçue, Carteret, n'avait pas osé y aborder. Accessible par un seul point, qui fut appelé *Bounty-Bay*, et dont il ne fallait s'approcher qu'avec de grandes précautions, elle parut convenir parfaitement à des gens qui avaient besoin de se soustraire à d'inquiétantes recherches.

Christian essaya vainement de gouverner la turbulente communauté, qui manquait de principes d'ordre et s'était affranchie de tout frein. Son inquiétude ajoutait à ses tourments et à ses remords, et du point culminant de l'île, dans la crainte de voir apparaître quelque vaisseau anglais, il était sans cesse en observation. Dans l'intérêt de leur sûreté, et pour que rien ne trahît au dehors leur présence, les révoltés démolirent la *Bounty*, dont les matériaux les aidèrent à construire leurs habitations. C'était s'ôter tout moyen de sortir de l'exil où ils s'étaient confinés.

Malgré ses beautés naturelles, ce séjour enchanteur se trouva un enfer pour ses habitants, qui s'entretuèrent par suite de leurs violentes querelles. Les sauvages, ayant formé le projet de se défaire des Européens, furent prévenus par ceux-ci qui, au moyen des femmes tahitiennes, avaient découvert le complot. En moins d'un an, Christian et quatre de ses compagnons avaient péri, victimes de ces luttes ; les femmes elles-mêmes, prenant fait et cause pour leurs maris, participèrent au massacre. Un autre Anglais se jeta lui-même à la mer dans un accès de désespoir frénétique. Bref, deux seulement survécurent à cette horrible boucherie ; l'un d'eux mourut de maladie en 1800 ; et le seul survivant, John Smith, se trouva seul chef d'une communauté composée de femmes et d'enfants.

Dès lors tout changea de face à Pitcairn : John Smith,

qui avait pris le surnom d'Adams, sut imiter dans sa pénitence le père du genre humain dont il avait imité la chute ; il vint à bout de discipliner ces femmes sauvages, ces enfants orphelins dont il se trouvait le seul guide. Se montrant pour eux un patriarche plein de bonté, il leur imposa respect et affection. Des livres de piété, provenant de la *Bounty*, l'aidèrent à civiliser sa petite colonie, qui répondit parfaitement à ses soins.

Adams en était à la quatorzième année de son gouvernement patriarcal ; les enfants étaient devenus de jeunes hommes, aussi pieux que disciplinés, et des jeunes filles aussi modestes que belles, lorsque deux navires anglais se présentèrent devant l'île et découvrirent, avec une grande surprise, cette intéressante population. Tout s'y réunissait pour charmer les yeux et le cœur, et faisait le plus grand honneur au législateur de cette colonie. Le premier mouvement de John Adams fut la crainte ; mais les deux capitaines, ses hôtes, s'empressèrent de le rassurer en lui disant : « Ne craignez rien ; le révolté de la *Bounty* n'existe plus : le patriarche de Pitcairn l'a effacé. »

Adams gouverna pendant vingt-neuf ans cette petite île, et y reçut encore d'autres visites. Un maître d'école, charmé de ce séjour de l'âge d'or, se joignit volontairement à lui pour le seconder dans sa pieuse entreprise. Après la mort du patriarche, sa colonie s'accrut au point de nécessiter des émigrations. L'île, qui n'a qu'une lieue et demie de tour, est trop petite pour supporter un accroissement indéfini de population. Le gouvernement anglais a montré beaucoup de sollicitude pour ces colons, et s'est préoccupé des mesures à prendre pour assurer la conservation et la prospérité de cette intéressante colonie.

LE SAGE DE LA GRANDE ARMÉE.

I

Antoine Drouot, général du premier empire, que Napoléon avait surnommé le *Sage de la grande Armée*, naquit à Nancy, le 11 janvier 1774. Son père était boulanger, et de douze enfants qu'il avait Antoine était le troisième. On peut juger que l'aisance ne régnait pas dans cette famille, et que la jeunesse de notre héros ne fut pas assaisonnée de ces douceurs dont la tendresse des parents ne manque pas d'entourer ordinairement les enfants. Et pourtant, peu avant de mourir, Drouot se rappelait avec délices le véritable bonheur qu'il avait goûté dans l'obscurité, l'innocence et la pauvreté de ses premières années. Quel était donc le charme dont elles étaient environnées ? C'est qu'il voyait régner dans sa famille, l'ordre, la paix du cœur, la charité qui savait partager avec de plus pauvres, la foi qui agrandit et ennoblit tout, la piété qui procure les seules vraies douceurs, le travail et l'étude enfin, qui, en exerçant le corps et l'esprit, leur font connaître une foule de jouissances ignorées des âmes énervées.

Dès sa plus tendre enfance, Antoine Drouot sentait instinctivement le prix de l'instruction. A l'âge de trois ans, il demanda avec instance à être admis à l'école des Frères de la Doctrine chrétienne, et pleura beaucoup de ce qu'on lui en refusait l'entrée parce qu'il était encore trop jeune. Enfin, il obtint ce qu'il désirait si ardemment, et fit tant de progrès que ses parents crurent devoir seconder son zèle et son application, et lui permi-

rent avec le temps de fréquenter des cours plus avancés. Mais les sacrifices qu'ils durent s'imposer pour cela
ne pouvaient aller jusqu'à dispenser leur fils des cor-
vées qui réclamaient chez eux une partie de son temps
et la force de ses jeunes bras.

Faites attention à cela, vous, jeunes gens, qui vous
plaignez du temps qu'absorbent vos devoirs de collège, et
qui voudriez que la science s'infiltrât dans votre cerveau
sans vous coûter aucune peine. Savez-vous que le jeune
Drouot, outre les devoirs qui lui étaient communs avec
vous, avait encore à remplir chez ses parents une foule de
fonctions domestiques dans lesquelles leur pauvreté ne
leur permettait pas de le faire suppléer ; il avait, entre autres charges, l'emploi assez fatigant de porter le pain
chez les pratiques ; et, humble et soumis autant que courageux, il ne croyait pas que l'étude dût le dispenser de
ces devoirs, ni que la fatigue le dispensât de l'étude. Vous
qui avez la facilité de travailler commodément dans le
silence de votre chambre, soit avec l'aide d'un répéti-
teur, soit sous la direction d'un père instruit qui vous
aplanit les difficultés de la science, savez-vous que le pauvre Antoine, dont le père était incapable de le guider
dans cette voie, était obligé d'élaborer ses thèmes et ses
versions dans la salle commune de la famille, au milieu
de l'importun tapage que faisaient ses jeunes frères et
ses sœurs, et du mouvement que rendait inévitable cette
agglomération de monde. Le soir, la famille se couchait
de bonne heure ; et, par économie, toute lumière était
proscrite dès ce moment. Heureux le pauvre écolier
quand la lune lui permettait de continuer dans sa petite
chambre le travail interrompu ! Son ardeur semblait
alors augmenter ses facultés visuelles. Vers deux heures
du matin, le travail de la boulangerie recommençait à

la lueur d'une mauvaise lampe, et le zélé jeune homme s'arrachant au sommeil, s'empressait de profiter de cette occasion qui lui était offerte de reprendre ses travaux ; et comme cette lampe manquait avant le jour, c'était alors à la lueur du four ouvert et embrasé qu'il allait se livrer à la lecture de ses auteurs classiques.

Mais ces études profanes n'étaient pas les seules auxquelles s'attachât le jeune Drouot, l'Écriture sainte avait pour lui un attrait particulier ; ce fut l'étude de toute sa vie et il en portait constamment sur lui un exemplaire qu'il méditait jusque dans les camps ; il y puisait la règle de sa conduite dans l'âge mûr et dans la vieillesse aussi bien que dans son enfance.

Outre la religion et l'étude, je remarque encore une autre chose qui contribua puissamment à former en Drouot, le grand homme, l'homme énergique, l'homme utile, et qui est un des éléments les plus indispensables de toute forte éducation : c'est la vie dure au milieu de laquelle s'écoula sa jeunesse. Jamais je n'ai vu des enfants délicatement élevés devenir capables de grandes choses. Ce qu'ils peuvent avoir de science ou de bons mouvements, s'annule par le défaut d'énergie, et par cet égoïsme qui naît de la multiplicité des besoins. Incapables de s'imposer de généreux sacrifices ou de poursuivre avec courage une ferme résolution, ils deviennent souvent l'instrument de leur propre ruine, de celle de leur famille, et tombent au plus profond de la misère, quelquefois de la dégradation, pour n'avoir pas su borner des désirs qu'on les a trop accoutumés à satisfaire.

En regard de cette triste vérité, j'en ai observé une autre : c'est que les enfants élevés durement, habitués à la gêne et aux privations, savent plus tard beaucoup mieux se plier aux nécessités et aux vicissitudes de la vie.

Les privations et le travail n'ont rien qui les effraie. Il leur est facile de réprimer les désirs que la prudence réprouve ; il savent être contents de peu et sont accoutumés à dépendre en toutes choses de la raison et du devoir. Qu'un malheur vienne les frapper, ils ne s'en laissent point abattre et savent faire des efforts pour y remédier. Ils réussissent ordinairement à faire leur chemin, soit que par leur travail et leur économie ils deviennent eux-mêmes les artisans de leur fortune, soit que, contents d'une obscure condition, ils s'y fassent remarquer et rechercher comme étant capables de s'élever à mieux. Voilà ce qu'on trouvera vrai, pour peu qu'on veuille réfléchir et qu'on ait quelque expérience. Et cette vérité a tellement frappé certains personnages éminents par leur position et leurs richesses, qu'elle les a portés à suivre pour leurs enfants le même plan d'éducation que s'ils étaient pauvres, et qu'ils dussent tout attendre de leur travail et de leurs sacrifices.

II

Drouot avait tellement expérimenté le bonheur que procurent la piété, le travail et l'étude, les privations lui coûtaient si peu, qu'il songeait à s'assurer cette heureuse habitude en revêtant l'habit de chartreux. La révolution, en supprimant les ordres religieux, interrompit ce dessein formé depuis deux ans, et le jeune postulant dut choisir une autre carrière. Celle qu'il adopta diffère moins qu'on ne pourrait le croire au premier abord de celle dont il avait conçu la pensée. Pour faire un bon militaire, ne faut-il pas même esprit d'abnégation, même obéissance à la règle que dans la vie du cloître ?

On était en plein 1793, Drouot avait dix-neuf ans. Incertain encore sur le parti qu'il devait prendre, il sentait sans doute qu'il avait trop étudié pour se livrer à une profession toute matérielle, et qu'il devait compte à la société des talents que Dieu lui avait donnés, lorsque se promenant un jour dans les rues de Nancy, il y lut une affiche prévenant les jeunes gens qu'un examen pour entrer à l'école d'artillerie de Châlons allait avoir lieu à Metz. On sait qu'il faut des connaissances spéciales pour entrer dans cette arme, qui requiert plus d'études qu'aucune autre de l'armée. Notre jeune homme se sentit désireux de tenter cette épreuve et en demanda la permission à son père, qui, selon ses médiocres moyens, ne put lui fournir que six francs, un bâton et de gros souliers ferrés pour faire à pied un voyage de treize lieues.

Dans cet équipage, le jeune homme, encore tout couvert de la poussière de la route, se rendit, en arrivant à Metz, tout droit à la salle d'examen, où était déjà réunie une florissante jeunesse qui se pressait sur les rangs de l'école d'artillerie. A la vue de cette espèce de petit paysan, maigre, chétif, à l'air ingénu, et accoutré comme nous venons de le dire, l'hilarité fut grande dans toute la salle; et le célèbre Laplace, qui allait procéder à l'examen, s'avançant avec un ton de bonté qui rendit un peu de courage au pauvre candidat, lui demanda s'il ne se trompait pas, et qui il était venu demander. « Je voudrais subir l'examen, monsieur, » fut la réponse du jeune homme, laquelle fut accueillie avec un redoublement d'éclats de rire.

« Mais, reprit l'examinateur, vous savez que c'est un examen pour l'artillerie; vous connaissez donc les matières indiquées au programme ?

— Monsieur, je les ai étudiées.

— Eh bien, mon ami, asseyez-vous ; et lorsque votre tour viendra, je vous appellerai. »

Drouot alla s'asseoir dans un petit coin, poursuivi par les rires moqueurs des jeunes gens qui, comme lui, venaient se faire examiner. Cependant il écoutait les questions de l'examinateur, les réponses des jeunes gens, et le courage lui revenait, car il se rendait la justice de reconnaître qu'il en savait bien autant qu'eux. Enfin son tour arriva. La salle, qui s'était dégarnie, fut bientôt pleine de curieux qui venaient assister à l'examen de ce petit paysan, en qui on commençait à croire qu'on allait peut-être trouver un nouveau *Valentin Duval*.

L'examinateur commence par lui demander les principes de l'arithmétique ; mais bientôt, poussant plus loin ses questions, il demeure tout étonné. Il reconnaissait dans ce jeune homme une fermeté d'esprit qui le surprenait.

« Où avez-vous suivi votre cours de mathématiques ? lui demanda-il.

— J'ai presque toujours travaillé seul, monsieur ; et si vous vouliez bien m'examiner sur les matières qui ne font pas partie du programme, j'espère pouvoir y répondre. »

Cet examen dura deux heures ; Laplace le poussa au delà des limites assignées, et eut la satisfaction d'entendre toujours des réponses claires, précises, indiquant une intelligence parfaitement organisée. Enfin, il se lève, embrasse le jeune homme, et lui annonce qu'il fait partie du corps de l'artillerie et qu'il est le premier de la promotion. Un plus grand honneur attendait encore Drouot ; les mêmes jeunes gens qui l'avaient accueilli de leurs sarcasmes l'entourèrent, le comblèrent de félicitations, et, pour réparer leurs torts envers lui sans doute, en même temps que pour rendre hommage à son talent supérieur, ils le portèrent malgré lui en triomphe dans les rues de Metz. Vingt ans plus tard, Laplace disait à Napoléon qu'un des plus beaux examens qu'il eût vu passer de sa vie était celui du général Drouot

III

Un mois seulement s'était écoulé depuis l'entrée de Drouot à l'école d'artillerie de Châlons, lorsqu'un décret appela au service les dix premiers élèves de la promotion dans laquelle il était compris. La République avait besoin de soldats; il s'agissait de sauver la ville de Dunkerque, menacée par les Anglais et les Hollandais, ainsi que les villes voisines. Deux fois déjà l'armée française avait essayé de repousser l'ennemi, retranché près de la petite ville d'Hondschoote. Ses efforts n'avaient pas été couronnés de succès; mais, dans une troisième tentative, le sous-lieutenant Drouot qui, en l'absence de son capitaine et du premier lieutenant, commandait une compagnie, établit lui-même une batterie qui assura le succès du mouvement et le gain de cette mémorable bataille. Comme il recevait les félicitations de ses chefs, il parut s'étonner de ce qu'on ne poursuivait pas les Anglais, dont la retraite était fort périlleuse ; on lui fit observer que les troupes étaient fatiguées. « Des troupes victorieuses, répliqua-t-il, n'ont pas besoin de repos. » Ce mot donne la mesure de son intrépide courage. Il en donna de nouvelles preuves en cent occasions ; et nous croyons qu'il était redevable à son éducation austère aussi bien qu'à sa foi pratique, de cette intrépidité, de ce mépris de la fatigue et de la mort qui lui permirent de conserver tou-

jours son calme et sa présence d'esprit au plus fort des
combats. Nous ne redirons pas ici tous ses exploits guer-
riers; il nous faudrait alors recommencer un livre que
nous avons déjà publié [1]. Disons seulement qu'au bout
de trois ans, Drouot était capitaine, et dix ans après, ma-
jor de l'artillerie de la garde. Sa justesse de vues avait
décidé de plusieurs victoires remportées par nos armes.
Il possédait l'art d'obtenir du canon, dans un moment
donné, un effet décisif. La bataille de Wagram, surtout,
fut un de ses nombreux triomphes. C'est à la suite de
cette fameuse journée que Drouot reçut la croix d'officier
de la Légion-d'Honneur. Bientôt après, à cette distinction, Napoléon joignit le titre de colonel et de baron de
l'Empire.

Le plus grand théâtre de la gloire militaire du général
Drouot fut cette campagne de Russie, où devait pâlir l'é-
toile de l'empereur, qui n'en sut que mieux apprécier
les services d'un tel homme et le besoin qu'il avait d'un
pareil serviteur. Il est vrai que Drouot ne s'y épargna pas.
Entre deux journées rudes et meurtrières, et par un froid
qui faisait fléchir bien des courages, le brave officier,
quand tout se livrait au repos, travaillait dans sa tente à
combiner les moyens de réparer les pertes et d'assurer
le succès du lendemain.

Ne s'épargnant pas plus que le moindre soldat, chaque
matin, sous ce ciel rigoureux, il faisait sa toilette en plein
air à la vue de toute sa troupe. Devant un miroir attaché
à l'affût d'un canon, il se faisait la barbe et se lavait le
visage, après avoir pour cela mis bas l'uniforme et
entr'ouvert le col de sa chemise. Drouot soutenait ainsi
par son exemple le moral de ses troupes; aussi, malgré

[1] Lille, Lefort, 1851.

les désastres de cette campagne, il réussit à ramener la plus grande partie de ses soldats et toutes ses batteries en Pologne, sans avoir perdu un seul canon. C'est alors que Napoléon le nomma général de brigade d'artillerie et l'attacha à sa personne en qualité d'aide-de-camp.

L'empereur eut bientôt discerné dans son nouvel aide-de-camp un génie et une intrépidité militaires qui lui faisaient dire que Drouot n'avait pas son pareil pour l'artillerie. Mais ce qu'il remarqua surtout en lui c'était la simplicité, le désintéressement, la religion, une trempe d'âme enfin qui était comme la résurrection des physionomies les plus pures de l'antiquité. Ce fut lui qui le surnomma le *sage de la grande armée.* Et à mesure que décroissait sa fortune, voyant croître le dévouement de Drouot, il sentait mieux encore le prix de ce suprême et précieux présent que le Ciel faisait à sa destinée.

Après une suite de derniers succès dans lesquels Drouot eut le premier rôle et la principale part, mais qui ne purent sauver l'Empire trop fortement ébranlé, Drouot, que Napoléon avait fait comte et général de division, pénétré de reconnaissance pour le héros tombé, voulut partager sa mauvaise fortune comme il avait eu part à ses gloires. Il fut du petit nombre de ceux qui suivirent l'empereur à l'île d'Elbe, voulant encore lui former une cour quand presque tous l'abandonnaient. Napoléon, pour récompenser tant de fidélité, voulut ajouter un don de deux cent mille francs à la mince fortune de deux mille cinq cents francs de rente que le général devait à ses bontés antérieures. Mais le général refusa ce nouveau présent en disant : « Si Votre Majesté me donnait de l'argent à l'heure qu'il est, on dirait que l'empereur Napoléon, dans l'adversité, n'a trouvé des amis qu'à prix d'or, et on dirait de moi que j'ai suivi Votre Majesté parce que j'étais payé pour cela. »

N'ayant plus le pouvoir de décerner à ce fidèle serviteur le titre de maréchal de France, qu'il méritait à tant de titres, Napoléon lui donna du moins la seule dignité qu'il pût désormais conférer, celle de gouverneur de l'île d'Elbe. En cette qualité, le général présentait à l'ex-empereur le bubget des dépenses prévues de ce petit état auquel sa souveraineté se trouvait réduite. Napoléon remarqua que Drouot s'était oublié lui-même dans la liste des traitements et lui en demanda la raison. « Sire, répondit Drouot, Votre Majesté me loge, elle me nourrit, elle me fait donner un cheval de son écurie lorsque j'ai l'honneur de l'accompagner dans ses promenades ; mes dépenses se réduisent donc à mon entretien, à un faible traitement pour mon secrétaire et aux gages d'un serviteur, et mon revenu, qui est connu de Votre Majesté, est plus que suffisant pour répondre à ces besoins. » Napoléon rendit ce budget à Drouot, après y avoir ajouté le chiffre de six mille francs pour ses appointements annuels.

L'empereur disait en parlant de Drouot : « Cet homme vivrait aussi satisfait, pour ce qui le concerne personnellement, avec quarante sous par jour qu'avec les revenus d'un souverain. »

IV

Le général Drouot désapprouvait le projet que formait Bonaparte de quitter l'île d'Elbe pour tenter de reconquérir la France ; néanmoins il crut que son serment lui commandait l'obéissance à celui qui n'avait pas cessé d'être souverain. On sait le résultat de cette rapide et suprême campagne du grand capitaine, qui vit s'ensevelir à Waterloo ses dernières espérances.

Après la chute définitive du géant qui avait fait trembler toute l'Europe, Drouot, retiré sur la Loire avec les débris de la garde, donnait l'exemple de la soumission au roi légitime rentré dans l'héritage de ses pères, et dont la médiation était venue si à propos apaiser les dissensions de l'Europe.

Malgré cette soumission, Drouot fut informé d'une ordonnance qui le comprenait dans la liste des militaires accusés de trahison. Il aurait eu le temps de fuir, mais fort du témoignage d'une conscience irréprochable, il aima mieux se justifier d'une accusation compromettant son honneur sans tache. Il quitta aussitôt le commandedement de sa troupe et se rendit à Paris, où il se constitua volontairement prisonnier à l'Abbaye, dont il eut beaucoup de peine à se faire ouvrir les portes. Il racontait plus tard qu'il n'avait jamais sollicité que deux places dans sa vie, lesquelles lui avaient d'abord été refusées toutes deux : l'une chez les Frères des Écoles chrétiennes, étant tout enfant ; et l'autre à la prison de l'Abbaye, qui était alors la prison militaire de Paris.

L'instruction de ce procès fut longue, et ce ne fut qu'après huit mois d'attente et de captivité que le prisonnier fut amené devant le conseil de guerre. Il y trouva des défenseurs dans tous les témoins appelés à déposer contre lui. Drouot plaida lui-même sa cause ; il n'avait besoin pour la faire valoir que de parler le langage de l'honneur, du devoir et de la vérité. Son dévouement, sa fidélité furent appréciés, et son acquittement fut suivi de toutes sortes de témoignages d'estime de la part de Louis XVIII, qui aurait voulu se l'attacher, mais qui ne put qu'admirer son refus respectueux de servir d'autre maître que celui qui avait été son bienfaiteur et à qui il avait voué une reconnaissance éternelle.

Plus tard Louis-Philippe et sa famille firent également des instances pour arracher à sa retraite le général rentré à quarante-deux ans dans la vie privée. Il refusa les faveurs de ce gouvernement comme celles qui lui avaient été offertes par Louis XVIII. Remarquons qu'une fidélité si peu commune envers un souverain déchu n'est pas seulement due aux sentiments de reconnaissance que lui avait voués son ancien aide-de-camp, elle témoigne aussi de la modération à laquelle il s'était de bonne heure accoutumé et que toute sa vie il avait observée. Si le général Drouot, enivré par la fortune, s'était fait un besoin du luxe et de la dépense, s'il n'avait pas été accoutumé de bonne heure à se contenter de peu, ou s'il avait perdu cette habitude au point de se faire une nécessité d'un grand revenu, il se serait peut-être, en dépit de toutes les affections de son cœur, trouvé faible contre l'appât des honneurs et des richesses, et n'aurait pas donné au monde ce grand exemple que tous les partis ne peuvent s'empêcher d'admirer.

On dit que durant son séjour à l'île d'Elbe, Drouot avait eu à endurer de pénibles discussions avec l'un des compagnons de captivité de l'empereur, et ce serait là l'explication de l'absence de notre héros sur le rocher de Sainte-Hélène. Il se disposait néanmoins à se rendre à l'appel que Napoléon lui fit peu avant sa mort, lorsque la nouvelle de cette mort vint anéantir cette dernière espérance et ajouter un amer regret et un grand deuil aux souvenirs qui remplissaient son âme.

Retiré à Nancy, sa ville natale, Drouot partageait son temps entre la prière et les bonnes œuvres. Il partageait sa pension de retraite avec les pauvres et abandonnait aux légionnaires malheureux son traitement de grand-officier de la Légion-d'Honneur. Une ordonnance ministérielle datée de 1824 vint augmenter sa demi-solde, en ajoutant à ses années de service celles qui s'étaient écoulées depuis la Restauration ; et un legs considérable de l'empereur, joint aux gratifications préalables, étant venu grossir ses économies et ayant élevé son revenu total à douze mille francs, il ne changea rien pour cela au genre de vie si simple qu'il avait adopté. Deux mille quatre cents francs par an, une petite maison, un petit jardin, un vieux soldat, qui ne l'avait jamais quitté, pour le servir, lui semblaient plus que suffisants pour ses besoins ; et ses infirmités croissantes ne lui firent pas empiéter sur ce qu'il appelait le patrimoine des pauvres et des anciens soldats de l'Empire. Il avait fondé pour ces derniers des lits à l'hôpital Saint-Julien, se trouvant heureux d'être pour eux l'instrument des bienfaits de leur ancien maître.

Quelques mois avant sa mort, n'ayant plus rien à donner, il se souvint d'un grand uniforme qu'il avait jusqu'alors conservé précieusement comme un souvenir des anciens jours. Il en fit découper et vendre les galons. Un de ses neveux en témoignait de la peine, parce qu'il eût été fier de le transmettre à ses enfants : « Mon neveu, répondit l'humble général, je vous l'aurais donné volontiers, si je n'eusse craint que vos enfants, en voyant l'uniforme de leur oncle, ne fussent tentés d'oublier une chose qu'ils doivent se rappeler toujours : c'est qu'ils sont les petits-fils d'un boulanger.

Au faîte des honneurs aussi bien que dans le calme de la retraite, jamais on ne le vit déroger à l'austérité de ses habitudes : comme s'il en eût fait le vœu, il ne mangea jamais que du pain de munition, et lorsqu'il allait dîner en ville il faisait porter son pain avec lui. On dit qu'il ne dormit jamais que quatre heures sur vingt-quatre. Ce régime sévère, qu'une habitude prise dès l'enfance lui avait rendu comme naturel, n'abrégea point ses jours, car il vécut soixante-treize ans, malgré les prévisions de Napoléon qui, la première fois qu'il lui fut présenté pour exercer près de lui les fonctions d'aide-de-camp, dit à voix basse au général Gourgaud. « Il ne nous faudra pas trois mois pour enterrer cette homme. » Pourtant Drouot était à peine à la moitié de la carrière qu'il devait parcourir.

La religion avait influencé toute la vie de Drouot. Est-il besoin de dire qu'elle soutint son chevet à l'heure de la mort ? Toute sa vie n'avait été qu'une préparation à cet acte suprême ; et celui dont la conscience était assez pure pour être calme au milieu des plus furieux combats, pouvait-il la redouter lorsqu'elle venait l'arracher aux infirmités et aux douleurs de la vieillesse ?

L'amitié, pour laquelle un si noble cœur était fait, avait adouci ses dernières années ; elle consola aussi ses derniers instants. La culture des lettres n'avait pas été non plus étrangère à l'illustre général et elle avait charmé sa retraite.

Humble jusqu'au bout, Drouot avait recommandé que ses obsèques se fissent sans pompe, mais il ne fut pas obéi : la population nancéenne, dont il était vénéré, lui rendit spontanément les hommages dus à un saint, tandis que les autorités municipales lui décernaient les honneurs dus à un héros dont la ville était fière.

L'éloge funèbre prononcé par le R. P. Lacordaire en face de son cercueil, vint consacrer la mémoire de ce héros chrétien, dont il résume toutes les gloires. Si c'est un des plus grands hommages rendus à la vie héroïque et pure du général, c'est aussi un des plus magnifiques discours de l'éloquent orateur, qui jamais sans doute n'a rencontré un sujet plus digne de sa voix inspirée.

JOSEPH BIDAULD.

Jean-Joseph-Xavier Bidauld, peintre paysagiste, né à Carpentras le 10 avril 1758, fut un homme recommandable par un rare esprit d'ordre en même temps que par le talent qui lui valut sa célébrité.

Fils cadet d'une famille nombreuse, il dut être exercé de bonne heure aux privations. Recueilli par son frère aîné, qui exerçait avec succès à Lyon la profession de peintre, le jeune Joseph, tout en broyant les couleurs de l'artiste, recevait de lui les premières notions de l'art qu'il devait honorer par plus de soixante ans de travaux. Mais la parcimonie du maître favorisait si peu le travail de l'élève, que celui-ci était obligé de dessiner sur les deux faces des chiffons de papier qu'il parvenait non sans peine à se procurer. Forcé de reconnaître enfin les dispositions de son jeune frère, Bidauld l'aîné en tira parti à son profit en se faisant aider par lui dans ses compositions. C'est ainsi que Joseph Bidauld peignit presque à lui seul, pour le château de M. de Boissieu, près de Lyon, les murs d'une salle à manger sur les panneaux de laquelle furent représentés tous les objets comestibles imaginables, les plus rares venaisons et les plus élégantes pâtisseries, les fruits exotiques et indigènes, enfin tous les produits gastronomiques possibles. C'est à en faire venir l'eau à la bouche ; mais il était réduit à bien maigre pitance, celui qui savait si bien peindre toutes ces bonnes choses : ne le plaignons pas, c'était lui rendre service que de l'accoutumer à la sobriété.

Cette salle à manger, un vrai chef-d'œuvre, révéla tout le talent du jeune Bidauld. Un voyage qu'il fit ensuite à Genève, avec son frère, éveilla en lui une vive admiration pour les grandes scènes de la nature et détermina sa vocation pour le paysage. Cette ville comptait alors plusieurs collections de tableaux. C'est là que le jeune peintre eut occasion de voir pour la première fois des œuvres de grands maîtres de différentes écoles. De retour à Lyon, il suivit avec succès les cours de l'Académie ; et, après y avoir obtenu la seconde médaille, il se rendit en Provence, où il continua à se perfectionner en copiant avec ardeur tous les chefs-d'œuvre que sa bonne fortune lui faisait rencontrer.

Cependant un sentiment exquis de son art l'avertissait de l'insuffisance de ses moyens d'étude. Déjà il rêvait à l'Italie, cette terre inspiratrice de tant de génies, cette grande école du paysage historique. Mais avant d'accomplir un voyage qui devait avoir tant d'influence sur toute sa vie, il résolut de venir chercher à Paris des ressources et des conseils. Ses moyens d'exécution étaient si restreints qu'à son arrivée dans la capitale il ne lui restait plus que trois livres tournois. Heureusement il était muni de quelques lettres de recommandation, dont une pour Joseph Vernet. L'illustre artiste accueillit le jeune peintre avec intérêt, approuva la direction qu'il avait prise, lui donna des avis, et plus d'une fois corrigea lui-même ses esquisses. Duplessis, de l'Académie, Fragonard père, encouragèrent aussi ses essais. Mais

aucun de ces peintres renommés ne s'adonnait exclusi-
vement au paysage. Il n'y avait en France aucun maître en ce genre : Lantara venait de mourir, Casanova
était allé s'établir en Autriche, Hue et Demarne avaient
encore peu de réputation. Bidauld sentit qu'il devait
se frayer lui-même la route, et la résolution qu'il prit
de n'avoir d'autre maître que la nature tourna au profit
de l'indépendance et de l'originalité de son talent. Pendant les deux années qu'il passa à Paris, un proctecteur
éclairé des arts, le maréchal de Noailles, lui avait li-
béralement ouvert sa galerie. M. Dulac, marchand de
tableaux et véritable connaisseur, mit aussi à sa disposition des paysages de toutes les écoles, d'après lesquels
il exécuta un grand nombre d'excellentes copies, dont
quelques-unes furent achetées par MM. de Noailles, de
Tessé, etc., les autres par le même M. Dulac.

Ce M. Dulac payait médiocrement les copies du
jeune homme auquel il s'intéressait, mais les habitudes d'ordre et d'économie contractéee par Joseph Bidauld, jointes à l'amour persévérant du travail, lui
permettaient de vivre avec de faibles ressources. Son
premier soin fut l'acquisition d'un modeste mobilier,
qu'il installa dans une mansarde, afin d'échapper
au ver rongeur, si onéreux, d'un logement garni. A
défaut de linge, les tiroirs de sa commode de noyer
furent remplis de pois secs, de haricots et de lentilles. « Maintenant, se disait-il, que ma subsistance est
pour quelque temps assurée, je travaillerai plus paisiblement. » Ce fut ainsi qu'il vint à bout d'amasser
la somme nécessaire à son voyage rêvé d'Italie, trésor que la bienveillance de M. Dulac vint compléter.
Ce fut ainsi qu'il partit pour Rome en 1785. Il demeura
cinq ans en Italie, et ce long séjour, qui ne profite

jamais qu'aux hommes vraiment nés pour les arts,
développa, éleva le talent du jeune paysagiste et détermina la direction du reste de sa vie. Plein d'enthousiasme pour les magnificences pittoresques qui se
déroulaient sous ses yeux et vivant aussi sobrement
qu'un paysan calabrais, il parcourut plusieurs fois
les États romains, la Toscane, le royaume de Naples, et rapporta de ces excursions, non, comme tant
d'autres, des croquis informes, mais des dessins arrêtés dont le nombre étonne, et cent admirables
études peintes, qui sont autant de tableaux achevés.

La place de M. Bidauld parmi nos premiers peintres de paysage était désormais acquise. De retour à
Paris en 1790, il s'y fit connaître par d'importantes
compositions qui reproduisaient pour la plupart les
grandes vues d'Italie. Un voyage en Bretagne en 1793,
un autre dans le haut Dauphiné en 1803, et, plus tard,
l'exploration des beaux sites de Fontainebleau, d'Erme-
nonville, de Montmorency, lui inspirèrent aussi un grand
nombre de charmants paysages.

A dater de 1791, les ouvrages de M. Bidauld furent
accueillis avec une grande faveur à l'exposition du Louvre. De plus en plus appréciés, ses travaux lui méritè-
rent, après le salon de 1791, un prix de 2,000 fr. décerné au concours ; un autre de pareille somme en
1790 ; en 1812, la grande médaille d'or, et, à la suite de
l'exposition de 1817, un nouveau prix de 3,000 fr. Il fut
élu membre de l'Académie des beaux-arts, de l'Institut,
le 2 avril 1823, au premier tour de scrutin, et nommé
chevalier de la Légion d'honneur le 11 janvier 1825.

Parmi les élèves de M. Bidault, on cite les deux prin-
cesses filles de Joseph Bonaparte, qui porta le titre de
roi d'Espagne. Reconnaissantes de ses soins, elles entre-

tinrent avec lui une correspondance depuis leur retraite
en Italie. Se souvenant des difficultés qui avaient mar-
qué le début de sa carrière, difficultés qu'il n'est pas
donné à tous d'avoir la constance de surmonter, le sage
artiste ne manquait jamais, lorsqu'on lui amenait quelque élève dont les parents vantaient les dispositions, de
leur demander, avant tout, s'ils étaient en mesure de
nourrir et d'entretenir leur enfant jusqu'à l'âge de trente
ans, et, quand ils ne pouvaient pas lui donner cette assurance, il les exhortait à renoncer à la carrière épineuse
des arts pour quelque profession moins hasardeuse.

Il n'est aucun artiste dont la carrière ait été plus laborieuse que celle de M. Bidauld. Depuis l'âge de 25 ans
jusqu'à sa mort, M. Bidauld a exécuté plus de deux cent
cinquante tableaux, qui sont l'ornement de nos musées,
des maisons royales et des collections particulières. Avec
l'aisance qu'il s'était acquise, il acheta à Montmorency
une propriété, dans laquelle se trouve un pavillon
nommé le petit Mont-Louis, qui avait été habité par Jean-
Jacques Rousseau. Cette résidence est des plus pittoresques ; la vue qu'on embrasse du couvert des tilleuls,
sous lequel une inscription atteste que le philosophe de
Genève a enfanté d'un de ses plus célèbres ouvrages,
prouve le bon goût du trop fameux écrivain ainsi que celui du peintre qui avait choisi cette retraite. M. Bidauld
habitait cette maison de campagne la plus grande partie
de l'année, et de là ne manquait jamais, même étant plus
qu'octogénaire, de se rendre à Paris chaque samedi pour
les séances de l'Académie des beaux-arts. Levé chaque
jour dès cinq heures du matin, il travaillait jusqu'au soir,
quittant à regret son tableau dans l'espoir de le retrouver le lendemain, et possédé du désir de perfectionner sans
cesse son talent. Il vécut ainsi jusqu'à quatre-vingt-neuf

ans, au sein d'une intéressante famille, heureux, honoré
et recherché pour l'agrément de sa conversation, assaisonnée d'anecdotes curieuses dont il avait été le témoin,
et enrichie des observations d'une longue expérience.

C'est ainsi que s'éteignit, le 20 octobre 1846, après
avoir réclamé les secours de la religion, ce patriarche,
type si rare parmi les artistes. Les touchantes paroles
prononcées à ses funérailles par M. Raoul Rochette, secrétaire perpétuel de l'Académie des beaux-arts, conte-
naient un éloge bien senti de cette longue carrière qui
a tant honoré le caractère de l'homme, aussi bien que le
talent distingué du peintre.

OBERKAMPF.

A l'âge de dix-huit ans, Christophe-Philippe Oberkampf, fils d'un pauvre teinturier établi en Suisse, vint
à Paris, seul, à pied, ne sachant pas un mot de français
et n'étant muni d'aucune lettre de recommandation ;
c'était en 1756.

L'industrie des toiles peintes, en France, était alors
dans l'enfance ; elle n'existait pour ainsi dire que de nom.
Après avoir travaillé deux ans dans un établissement à
Paris, en qualité de graveur et de coloriste, Oberkampf,
sans autres ressources que les petites économies qu'il
avait faites pendant ces deux années, conçut le hardi projet de créer en France une manufacture de toiles peintes
qui pût rivaliser avec celles de l'étranger : il s'établit
dans la vallée de Jouy, traversée par la petite rivière de
Bièvre, entre Paris et Versailles, vallée alors maréca-
geuse et presque déserte.

C'est là qu'une simple chaumière devint le berceau d'une grande industrie, qui devait surpasser les plus célèbres établissements de la Grande-Bretagne, et affranchir notre patrie du tribut qu'elle payait à l'étranger.

Pour mettre en œuvre deux procédés nouveaux qu'il avait découverts, l'impression à la planche et l'impression au rouleau, il lui fallait plusieurs artistes, un dessinateur, un graveur, un imprimeur et un teinturier. Oberkampf était seul : seul il se chargea du dessin, de la gravure, de l'impression et de la teinture, sans avoir d'autre atelier que sa chambre, qui contenait à peine un lit et une chaise.

Les premiers essais réussirent. On s'empressa d'acheter les produits élégants de son travail. Laborieux, économe, il donna chaque jour à son établissement une extension nouvelle : d'immenses bâtiments s'élevèrent, les marais d'alentour furent desséchés, la contrée entière assainie, et quinze cents ouvriers trouvaient leur subsistance dans cette vallée naguère inféconde et malsaine.

L'infatigable Oberkampf, sans être ébloui de sa prospérité, ne songeait qu'à soutenir et à mériter sa renommée par de nouveaux progrès. Telle était, dans sa fabrique, la perfection des dessins et des couleurs, que des négociants anglais venaient acheter à Jouy des toiles peintes pour les revendre chez eux comme marchandises des Indes. Oberkampf eut des imitateurs. En peu de temps on vit s'élever trois cents établissements, émules du sien, où vingt mille ouvriers furent assurés de leur subsistance.

La révolution faillit ruiner la manufacture de Jouy ; mais Oberkampf, grâce à son crédit, à son infatigable activité et à la confiance publique, eut bientôt mis ordre à ses affaires et réparé toutes ses pertes.

Dix ans avant sa mort, il fonda la filature de coton d'Essonne, et enleva ainsi aux Anglais le monopole de filer et de tisser le coton, par des moyens ingénieux et économiques qui diminuaient considérablement les frais de main-d'œuvre. Cette seconde création eut le succès de la première, et cette branche importante d'industrie fut un accroissement de la fortune publique.

Au milieu de ces utiles travaux, Oberkampf reçut les plus honorables encouragements. Napoléon voulut le faire nommer sénateur : il refusa. Pour le forcer à accepter une marque de son estime, il détacha de sa propre boutonnière la croix de la Légion d'honneur, et la lui remit en disant : « Personne n'en est plus digne. »

Napoléon se plaisait à aller dans son établissement causer avec lui. Il disait un jour : « Vous et moi, nous faisons une bonne guerre aux Anglais, vous par votre industrie, moi par mes armes. » Puis il ajouta, comme par une prévision de l'avenir : « C'est encore vous qui faites la meilleure. »

La bonté d'Oberkampf égalait la justesse et l'étendue de son esprit. Dès que sa fortune le lui permit, il songea à faire le bien et il commença par ceux qui l'avaient obligé. En arrivant à Paris, il avait été bien accueilli par le concierge du Ministère des finances, brave homme qui l'avait aidé de sa modeste protection. Oberkampf, aux jours de sa prospérité, le combla de bienfaits. Il fit une pension à une pauvre femme qui lui préparait, au faubourg Saint-Marceau, son petit diner à huit sous par jour, et qui lui avait montré de l'affection.

Lorsque, dans la révolution, il s'était vu près de sa ruine, il n'avait pas voulu renvoyer ses ouvriers. Jamais il ne cessa de visiter régulièrement ses manufactures. Il

adressait à tous ses ouvriers des paroles bienveillantes ;
il aidait ceux qui étaient dans le besoin. S'ils tombaient
malades, il les faisait soigner à ses frais, et continuait
de leur payer leurs journées, comme s'ils eussent continué leur travail. Il accueillait dans ses fabriques tous
les enfants orphelins du voisinage, il les élevait jusqu'à
ce qu'ils fussent en âge de se rendre utiles ; ils étaient
pour lui comme des enfants d'adoption [1].

Cette industrie, que des révolutions n'ont pu ruiner, a
eu depuis pour cause de décadence les progrès excessifs
du luxe. Les toiles peintes, qui faisaient la fraîche parure
printanière des jeunes personnes il y a moins d'un demi-
siècle, sont aujourd'hui reléguées à la cuisine ; et encore !..... Les ouvrières elles-mêmes méprisent ces jolis
et solides tissus, auxquels un simple blanchissage rendait
tout leur éclat, pour revêtir des étoffes bâtardes, mélange
de laine et de coton, auxquelles la moindre pluie, la
plus légère tache enlèvent sans retour leur apparente
valeur, et qu'il faut renouveler tous les trois mois,
au grand préjudice de l'économie, non-seulement de
l'argent, mais du temps, plus précieux encore.

Ah ! quand reviendra-t-on aux habitudes de simplicité trop généralement dédaignées ?

LE CAPITAINE BARNARD.

Voici encore, et cette fois sans aucun commentaire,
car elle est assez dramatique pour s'en passer, l'histoire d'un nouveau Robinson, histoire de date assez

[1] Barrau, *Éducation maternelle.*

récente, dont le théâtre fut l'île de New-Island, l'une
des Malouines, située non loin de la côte orientale de
la Patagonie et de la Terre de Feu.

Disons d'abord, pour donner une idée du lieu de
la scène, que cette île est extrêmement montagneuse,
et que sa partie occidentale offre une suite de précipices
effrayants, au fond desquels la mer s'engoufre parfois
avec un bruit terrible. On remarque dans ce chaos gra-
nitique, si l'on peut s'exprimer ainsi, un mur de rochers
qui s'élève de cinq cent cinquante pieds au-dessus
des flots, et dont l'aspect sombre jette dans l'âme de
l'observateur une terreur indicible. Quand le vent
d'ouest souffle avec violence, les vagues furieuses se
brisent contre cette masse gigantesque, et entourent sa
base d'un nuage de vapeur, mêlée d'une écume éblouis-
sante. Des plaines couvertes de hautes herbes, quelques lacs, dont les eaux, incessamment effleurées par
de nombreuses troupes d'oiseaux, baignent le pied des
montagnes ; des sites sauvages, des escarpements pittoresques ; d'énormes blocs confusément entassés et offrant des traces évidentes de convulsions terrestres :
voilà ce qu'on voit dans l'extérieur de New-Island.

C'est là, qu'au commencement de l'année 1814, le
capitaine Barnard, de la marine des États-Unis, fut
obligé de relâcher pendant un voyage entrepris pour
compléter un chargement de fourrures. Comme il s'ap-
prêtait à quitter cette solitude, il rencontra sur la côte
méridionale l'équipage d'un vaisseau anglais naufragé.
Trente personnes, parmi lesquelles de simples pas-
sagers et quelques femmes, composaient cette réunion
de malheureux qui, après la perte de leur navire,
erraient, le désespoir dans l'âme, sur cette plage lugu-
bre. Le bâtiment américain était petit, et le nombre des

individus qui imploraient un asile à son bord était considérable ; mais l'humanité parlait, et Barnard n'hésita
pas à recueillir les Anglais.

Le premier sentiment des naufragés, après cet acte
de générosité, fut celui d'une vive reconnaissance pour
l'homme qui les arrachait à une mort presque certaine,
ou tout au moins à de cruelles souffrances ; mais cette
impression ne tarda pas à faire place à des pensées
d'une nature tout différente. Les États-Unis d'Amérique
étaient alors en guerre avec la Grande-Bretagne, et ce
souvenir, auquel les Anglais ne s'étaient pas d'abord
arrêtés, leur inspira des doutes injurieux sur les inten-
tions de Barnard. Celui-ci cependant leur avait promis
sur son honneur, de les déposer dans un port brésilien,
lorsqu'il retournerait dans sa patrie. Mais cette assurance ne les tranquillisait pas. Ils supposaient au capitaine l'odieux projet de trafiquer de leur liberté, c'est-à-
dire de les livrer, moyennant récompense, au gouvernement des États-Unis.

Pendant que ces soupçons s'accréditaient parmi les
Anglais, Barnard, pour subvenir à l'entretien de ce sup-
plément d'équipage, prenait la peine d'aller lui-même
tuer dans New-Island des oiseaux et des animaux domestiques devenus sauvages. Un jour, après avoir chassé
longtemps, il revenait au mouillage, chargé de gibier et
songeant à la joie qu'allaient éprouver ses hôtes à la vue
de ces provisions fraîches ; il touchait presque au rivage
et allait remonter dans le canot qui l'avait amené jusque-
là, quand, levant les yeux vers l'endroit où il avait laissé
son vaisseau, il le chercha vainement du regard. Un léger brouillard, qui s'était formé pendant son excursion,
lui fit croire qu'il ne pouvait l'apercevoir. Il appela,
point de réponse. Alors il se décida à ramer vers le na-

vire ; mais, arrivé au lieu où il avait jeté l'ancre dans la
matinée, il acquit la conviction que ses yeux ne l'avaient
pas trompé et que le vaisseau avait disparu. Les Anglais
avaient, en effet, coupé le câble, et cinglaient à pleines
voiles vers Rio-Janeiro, abandonnant sans pitié leur
libérateur et ses quatre matelots sur cette plage inhospi-
lière.

L'étonnement, la douleur et l'indignation se succédè-
rent rapidement dans l'âme du capitaine. Qu'elle horrible ingratitude ! Rendre ainsi le mal pour le bien ; vouer
à un long supplice celui qui leur avait généreusement
accordé un refuge au prix de son bien-être ! Quelle
récompense de tant de dévouement et d'abnégation !
Toutefois, un moment de réflexion et de sang-froid
fit deviner au capitaine la cause de ce complot, lâchement exécuté au moment où il confiait son navire à l'é-
quipage étranger ; il pensa que la crainte d'être retenus
prisonniers aux États-Unis leur avait inspiré cet acte de
trahison et de barbarie. L'idée seule du soupçon auquel
il avait été en butte, plus encore que l'horreur de la position où le jetait l'abominable conduite des Anglais,
dut lui faire regretter bien amèrement d'avoir cédé à un
sentiment d'humanité.

Et comment exister, lui et ses quatre compagnons ?
Les Anglais n'avaient laissé sur le rivage ni vivres, ni vêtements ! Les malheureux Américains étaient dans le dé-
nûment le plus absolu. Mais la nécessité rend industrieux.
Les œufs des albatros, et quelques coquillages recueillis
sur le bord de la mer, leur fournirent, pendant quelques
jours, une nourriture abondante. Ensuite, ils dressèrent
un chien, qu'ils avaient amené dans l'île, à chasser les
cochons, dont la chair fut leur plus précieuse ressource.
Ils avaient aussi planté quelques pommes de terre qu'ils

avaient emportées pour leur déjeuner pendant la chasse ;
et, à la saison suivante, ils purent en recueillir assez
pour faire leur provision d'hiver. La peau des phoques
qu'ils tuèrent avec le reste de leur poudre et de leurs balles, leur servit de vêtements. Enfin, ils parvinrent à
construire une petite maison en pierre assez solide pour
résister à la violence des ouragans, si fréquents dans ces
parages. Quant à leur situation morale, nous n'entre-
prendrons pas de la décrire ; elle se devine aisément.

Barnard était celui qui souffrait le plus. Dès que les
matelots s'étaient vus sur un rocher solitaire, ils avaient
secoué tout respect et toute obéissance envers leur
chef. Quoique l'autorité de celui-ci se bornât à leur donner des conseils dans leur propre intérêt, ils la trouvaient encore trop dure, et ils organisèrent contre lui
une ligue permanente. Le capitaine courbait la tête, et
dévorait les affronts que lui infligaient ses subordonnés ;
il sentait que la résignation et la patience étaient des nécessités de sa position.

Un soir, les matelots qui, sous un prétexte frivole,
avaient chassé dans un autre endroit que lui, ne retournèrent pas à la cabane à l'heure ordinaire. La nuit vint
et Barnard les attendit vainement. Au point du jour, il se
dirigea avec un sinistre pressentiment, vers le lieu où
leur barque était amarrée : elle n'y était plus. Il comprit que les misérables l'avaient enlevée et avaient pris la
fuite, le laissant seul dans sa triste prison. On peut se
faire une idée de la douleur qui s'empara de lui au moment de cette terrible révélation. Être seul désormais,
seul dans cette immense Thébaïde, livré à ses propres
forces ; n'avoir pour toute consolation que les souvenirs
et la prière ! De quelle force morale ne fallait-il pas être
doué pour supporter la perspective d'un pareil sort ! Les

hommes grossiers qui avaient partagé ses premières souffrances lui avaient fait grossièrement sentir le poids de leur despotisme brutal; bien souvent il s'était indigné contre leurs tyranniques allures; et, maintenant qu'il se trouvait face à face avec lui-même, maintenant que nulle voix ne répondait plus à la sienne, il regrettait leur présence. Plutôt vivre malheureux avec des ennemis, pensait-il, que d'être seul! C'est qu'en effet l'isolement est une torture dont peu d'hommes peuvent supporter l'épreuve; il énerve, corrode et paralyse les forces de l'âme; il abat le caractère le plus intrépide; c'est un poison qui s'insinue goutte à goutte dans les veines et qui tue infailliblement, à moins d'une grâce spéciale, d'un secours d'en haut, dont ne fut pas privé l'infortuné capitaine.

Il était rentré d'abord profondément découragé dans sa chétive cabane; cependant, il reprit les occupations qu'il avait l'habitude de partager avec ses matelots. Pour ne pas se livrer à des réflexions désolantes, il travaillait sans relâche; il dominait ainsi son esprit par l'emploi, quelquefois exagéré, de ses forces physiques. Tantôt il préparait des peaux de phoques, tantôt il allait à la chasse avec son chien, fidèle et dévoué compagnon de ses douleurs; tantôt enfin il amassait des provisions pour la saison où le gibier ne serait pas si abondant. Une ou deux fois par jour, il gravissait péniblement une haute montagne, espèce d'observatoire naturel placé auprès de sa demeure. Parvenu au sommet, il promenait longtemps ses regards avec anxiété sur l'immense nappe de l'Océan, interrogeant l'horizon, et suspendant son âme, pour ainsi dire, à chaque point qui lui offrait dans le lointain l'apparence d'un vaisseau. Quelquefois un mirage trompeur lui faisait voir l'objet de ses espérances ; mais un instant après il descendait la montagne, profondément abattu, et absorbé dans de poignantes méditations.

Plusieurs mois s'étaient écoulés depuis la fuite des matelots, lorsqu'un jour, assis à la porte de sa cabane, le capitaine crut apercevoir des hommes qui se dirigeaient vers lui. Il ne s'était pas trompé ; c'étaient les quatre transfuges qui, n'ayant pu aller plus loin que les îles voisines, et incapables de pourvoir d'eux-mêmes à leur subsistance, venaient implorer le pardon de leur supérieur, et vivre avec lui. Il les reçut avec une indulgence qui rappelle celle du père de l'enfant prodigue : ce jour-là ce fut fête à New-Island ; on célébra joyeusement le retour des matelots, et chacun oublia un instant ses sombres pensées et sa situation présente.

Mais, hélas ! la guerre ne tarda pas à éclater de nouveau entre Barnard et les marins revenus auprès de lui. L'un d'eux même conjura la mort du capitaine ; mais l'animosité des trois autres n'allait pas jusqu'à l'assassinat. Ils découvrirent le projet de leur camarade et le firent avorter en le dénonçant à leur chef. Une petite île du havre des Quakers servit de prison au coupable à qui Barnard, dans sa générosité, eut soin d'envoyer journellement des vivres. Cette retraite forcée, cette espèce de réclusion dans un lieu propre à entretenir les pensées graves et sérieuses, influèrent puissamment sur le criminel. Au bout de trois semaines, le généreux capitaine, le jugeant suffisamment puni, lui permit de revenir s'asseoir comme autrefois au foyer commun. Dès ce moment, l'harmonie régna entre les cinq habitants de l'île, et le bien-être général se ressentit de cette paix tardive.

Ils se livrèrent avec une ardeur nouvelle à la chasse

et à la pêche des loups marins, dont la dépouille leur était si précieuse. Ils poussaient souvent leurs excursions dans les îles voisines, où ils trouvaient du gibier à profusion ; et quand la journée avait été productive, quand une température douce et calme avait favorisé leur promenade, ils s'en revenaient plus joyeux au logis. Cependant le capitaine s'apercevait que le découragement commençait à s'emparer de ses compagnons. Lui-même, malgré ses efforts de volonté et la dose de philosophie qu'il avait acquise par la dure épreuve de l'isolement, sentait sa force morale diminuer de jour en jour. La nostalgie minait sourdement l'existence de ces cinq hommes, victimes du plus horrible guet-apens. Peut-être auraient-ils bientôt fini par succomber à cette agonie du cœur et de l'esprit quand, le 10 décembre 1815, une voile apparut au loin sur les flots, et leur annonça la fin de leur captivité. Quelques instants après, ils étaient à bord du vaisseau libérateur. Disons, pour réhabiliter les Anglais, que Barnard, trahi et lâchement abandonné dans une île déserte par des gens de cette nation, dut son salut à d'autres insulaires de la Grande-Bretagne, dont les bons procédés à son égard réparèrent autant que possible le crime de leurs compatriotes.

UN NAUFRAGE.

La douloureuse histoire des naufrages nous offrirait bien des exemples de courage héroïque commandés par ces cruelles circonstances.

Ces exemples seraient si nombreux qu'un livre ne

suffirait pas pour les contenir. Et pourtant on ne les connaît pas tous : combien qui n'ont eu que Dieu seul pour témoin !

Nous ne reproduirons pas ici tous ces drames émouvants dont les héros eurent à déployer une force surhumaine ; nous devons cependant en offrir un échantillon. En voici un, et des moins connus, que l'on nous signale, et qui se passe dans des régions glacées.

Décrivons d'abord le lieu de la scène en consultant le travail d'un écrivain qui nous en fournit une description aussi claire que savante :

« Rochers sourcilleux, couverts d'une neige épaisse que ne peuvent fondre les pâles rayons d'un soleil sans ardeur ; montagnes à pic, incessamment battues par des vents furieux, et sur le flanc desquelles viennent s'accumuler de froides vapeurs ; sol stérile et nu, formé de petites pierres concassées ou de roches plates ; vallées couvertes d'une mousse qui étale aux regards attristés son tapis monotone ; plages hérissées d'écueils sur lesquels la mer vient se briser avec un bruit formidable ; climat intolérable, offrant les extrêmes du froid et de l'humidité, les inconvénients de la baie d'Hudson et ceux des îles Shetland : voilà en quelques lignes la description des îles Crozet.

« L'albatros, le plus grand oiseau de mer que l'on connaisse ; le corbeau austral, dont l'appétit glouton se défraye aux dépens des phoques morts sur le rivage ; la poule du Port-Egmont, qui cherche à arracher les yeux de l'imprudent qui vient enlever ses œufs ; l'oiseau royal qui, bien que très-petit, est redouté de tous les grands oiseaux à cause des blessures mortelles qu'il fait avec son bec acéré ; les goëlands, qui rasent légèrement la surface de la mer ; le pingouin, cet étrange amphibie dont les mœurs sont aussi singulières que l'aspect ; l'éléphant marin, ce monstrueux visiteur des plages solitaires ; le loup de mer, qui, mieux partagé que les autres variétés de la grande famille des phoques, peut sauter de roche en roche avec une remarquable agilité : tels sont les seuls animaux qui vivent sur ces tristes îles, sentinelles avancées de l'Afrique vers le pôle austral.

« Les mers voisines recèlent les innombrables tiges de *fucus giganteus*, qui vient étendre à la surface des eaux ses bras longs de plus de deux cents pieds, et aussi mobiles que les vagues de l'Océan. Les forêts sous-marines formées par cette plante extraordinaire sont si épaisses dans les environs des îles Crozet qu'elles ralentissent quelquefois la marche des navires [1].

Ces îles, situées dans le grand Océan austral, entre le 46e et le 47e degré de latitude sud, et entre le 44e et le 47e degré de longitude est du méridien de Paris, sont au nombre de quatre : l'île Dauphine, l'île Française, l'île Charles et l'île Chabrol. Leur latitude équivaut à peu près à celle de la France, mais on ne sait que les terres et les mers de l'hémisphère austral sont généralement plus froides que celles de l'hémisphère boréal.

Ce petit archipel, découvert en 1772 par les navigateurs français Marion et Crozet, a acquis depuis une triste célébrité par les naufrages dont il a été le théâtre. Parmi les infortunés qui ont été jetés par la tempête sur ces rives inhospitalières et y ont traîné pendant plusieurs mois une douloureuse existence, il en est un qui a écrit de la manière la plus touchante et la plus naïve le récit de ses longues souffrances. Nous allons donner un frag-

Bory de Saint-Vincent (*Univers pittoresque*).

ment de ce récit, en le faisant précéder de quelques détails sommaires :

C'était en 1825. M. Lesquin, de Roscoff, le principal héros de ce drame maritime, était parti de l'île de France pour les îles Crozet, dans le but d'y faire la pêche des phoques, industrie très-productive. Arrivé en vue de l'archipel vers lequel il se dirigeait, le bâtiment fut saisi par un ouragan furieux, et, après avoir lutté pendant plusieurs jours contre les vents et la mer, il échoua non loin du rivage. Quatre hommes de l'équipage avaient été envoyés deux jours auparavant à l'île Charles, et n'étaient pas revenus ; le reste se sauva à la nage et parvint heureusement à gagner la côte de l'île Chabrol près de laquelle ils se trouvaient. Les flots ne rejetèrent sur la grève que très-peu d'objets et une fort petite quantité de provisions, encore celles-ci étaient-elles avariées par l'eau de la mer. C'est avec ces tristes ressources que M. Lesquin et ses compagnons furent obligés de s'installer dans la petite île, pour y attendre le moment où il plairait à la Providence de les délivrer. Ils construisirent une cabane avec les débris du navire. Ils y firent du feu avec la graisse de l'éléphant marin, dont ils mangeaient la chair nauséabonde. C'est ainsi qu'ils bravèrent pendant dix-sept mois les rigueurs du froid et de la faim et la fureur des tempêtes habituelles dans ces climats.

Laissons maintenant M. Lesquin raconter lui-même un des épisodes les plus lamentables de son séjour dans l'île Chabrol ; le style de ce récit pourait être plus élégant, mais il a du moins le mérite d'une poignante vérité.

« Le 4, au point du jour, nous nous mîmes en route, M. Fotheringham et moi, par un temps humide et brumeux, munis chacun d'un bâton et d'un sac de toile contenant

nos vivres ; arrivés au bout de la vallée, après une marche
d'environ deux heures dans la neige, nous entrâmes
dans la gorge que j'avais aperçue la veille. Nous montâmes pendant à peu près une heure ; après quoi, la brume
augmentant, nous suivîmes un étroit défilé sur le haut de
la montagne, aussi loin que nous le pûmes. Nous fûmes
bientôt arrêtés par une masse énorme de neige qui se
trouvait au pied d'une autre montagne qui nous parut extrêmement haute. Nous trouvâmes cependant un endroit
par lequel nous montâmes jusqu'au sommet avec beaucoup de difficultés, la pente ne formant qu'un morceau
de glace, nous étions obligés de percer avec nos bâtons
l'endroit où nous voulions mettre le pied. Après une
marche pénible, entourés d'une brume épaisse, nous arrivâmes dans un endroit où nous crûmes pouvoir descendre. Nous nous assîmes donc sur la glace ; et, nous gou-
vernant avec nos bâtons, nous nous laissâmes glisser
jusqu'au bas de la montagne, que nous fûmes très-aises
de gagner, la rapidité de la descente nous ayant presque
coupé la respiration. Nous suivîmes une gorge qui partait en pente douce du pied de la montagne et qui nous
conduisit dans une vallée que nous crûmes aboutir à la
mer. Des cris variés attirèrent notre attention, et nous
en reconnûmes bientôt quelques-uns pour des cris d'éléphants ; mais ce ne fut qu'au bout de la vallée, et près
du rivage, que nous vîmes d'où partaient les autres cris.
Plus de trois millions d'une espèce de pingouins, bien
différents de ceux que nous avions trouvés près de notre
baie, étaient rassemblés sur un plateau de pierres, au
milieu duquel coulait un fort ruisseau, et la place qu'ils
occupaient était sans neige, mais répandait au loin une
odeur infecte. Les petits, encore couverts de duvet, se
tenaient ensemble ; autour d'eux étaient rangés leurs

pères et mères. Un espace large d'environ deux pieds
était laissé inoccupé pour donner un libre passage, jusqu'au milieu de la ponte, aux pingouins qui revenaient
de la mer pour nourrir leurs petits. L'harmonie la plus
parfaite semblait régner parmi eux, et leurs efforts paraissaient se borner à chasser loin d'eux cette espèce
de pigeons dont j'ai déjà parlé, et qui tâchaient de se faire
donner la nourriture réservée aux jeunes pingouins.
Nous nous rendîmes ensuite sur la grève, où nous trouvâmes quelques éléphants marins. En parcourant le rivage, nous aperçûmes une voûte qui nous parut noircie ;
nous nous approchâmes, et reconnûmes qu'on y avait
fait du feu, trouvant d'ailleurs deux pierres plates et
longues qui avaient sans doute servi à poser les grilles ;
un peu plus loin nous trouvâmes quelques planches, que
nous pensâmes provenir de quelque canot, mais dont le
mauvais état prouvait la vétusté ; près de là se trouvaient
une centaine de ces mêmes pingouins que nous avions
vus dans la baie du nord-est, tous couchés sur leurs
œufs, trop couvés d'ailleurs pour pouvoir être mangés :
nous n'en rapportâmes aucun. Nous étant avancés vers
le sud de la vallée, nous y vîm s une quantité de ces
oiseaux appelés *nelleys*, que j'appellerai corbeau austral : ils avaient tous des nids faits sur la neige ; ils ne
les quittèrent pas quand ils nous virent nous avancer
vers eux ; nous leur supposâmes des œufs, et à coups de
bâtons nous les forçâmes à se lever de leurs nids, ce
que plusieurs ne firent qu'après avoir été frappés à mort,
et en vomissant sur nous les matières fétides que contenait leur panse. Nous trouvâmes quarante-cinq œufs,
que nous mîmes dans nos sacs pour les porter à la maison. Plus loin, nous vîmes de jeunes albatros sur un
plateau de neige : nous en tuâmes douze, en primes six

chacun et nous acheminâmes vers notre demeure à la nuit tombante, lassés, mais contents de la découverte que nous venions de faire, et enchantés de connaître le lieu de la ponte des pingouins royaux, car nous savions que les pingouins sont toute l'année à terre ; ainsi nous étions certains que, tant que nous aurions des forces pour aller chercher notre nourriture dans cette vallée, que nous nommâmes *Vallée de l'Abondance*, nous ne souffririons jamais de la faim. Quant à y demeurer, cela devenait impossible, parce que nous n'y avions vu aucune caverne, et qu'indépendamment du bois que nous serions obligés d'y transporter pour bâtir une maison, nous serions aussi dans la nécessité d'y porter des pierres, les grèves qui bordaient le rivage étant composées de sables mouvants et de cailloux trop petits pour élever un mur. Pleins de ces réflexions, nous suivîmes, pour nous en retourner, la route que nous avions faite le matin ; mais, la nuit nous ayant surpris en sortant de la vallée, nous nous égarâmes, et après une marche de trois heures dans la neige qui couvrait la terre et qui tombait à gros flocons depuis le commencement de la nuit, nous nous trouvâmes sur le haut d'une montagne, où le froid nous saisit d'une manière si violente, que nous fûmes obligés de laisser là nos jeunes albatros et nos œufs pour pouvoir marcher plus vite et nous exercer plus activement. Après plusieurs marches çà et là sur le haut de la montagne, nous arrivâmes au bord d'une glacière, qui nous semblait s'étendre doucement jusqu'au pied de la montagne ; nous crûmes donc n'avoir rien de mieux à faire que de nous y laisser glisser comme nous avions fait le matin. Nous ne fûmes pas plus tôt sur la glace que nous fûmes obligés de nous étendre sur le ventre et de laisser nos bâtons, pour tâcher de nous accrocher avec

les doigts, la pente étant beaucoup plus forte que nous
ne l'avions imaginé. Après avoir roulé pendant très-peu
d'instants, nous perdîmes prise à un endroit perpendi-
culaire et nous fûmes jetés sur la neige, qui heureusement se trouvait molle dans l'endroit de cette chute.
J'eus tout le côté meurtri et le pouce gauche démis.
M. Fotheringham, étant tombé sur les pieds, en fut quitte
pour éprouver une vive douleur dans les cuisses, douleur qu'il a ressentie plus d'un an après cet accident. Le
pouce me fa'sait horriblement souffrir ; mais je l'enve-
loppai et le pressai vivement dans un mouchoir que
j'avais sur moi. Décidés à ne plus risquer ainsi notre vie
en essayant de descendre, nous restâmes toujours en
exercice près de l'endroit de notre chute, en attendant
impatiemment le jour. Le froid nous tourmentait vio'em-
ment et une neige épaisse nous traversait jusqu'aux os.

« Le 15, le jour si ardemment désiré parut enfin,
et nous permit d'examiner le lieu où nous nous
trouvions. Notre premier soin fut de regarder où
nous étions tombés. Quelle fut notre surpri-e de
nous trouver vivants lorsque nous vîmes que nous
avions parcouru en tombant un espace d'au moins
cinquante pieds ! Nous remerciâmes avec reconnaissance l'Être puissant et bon qui nous tendait une main
secourable au milieu de tant de misères, et qui veillait
lui-même sur une vie qui commençait à nous être à
charge, et à laquelle, sans nul doute, nous ne tenions
plus que par le lien naturel, qui est l'horreur de la
destruction. Le temps s'éclaircit au point du jour et
nous permit de retrouver notre chemin. Une pluie
abondante succéda à la neige ; et, comme nous marchions à grands pas, nous trouvâmes bientôt un endroit
par lequel nous descendîmes dans la vallée ; vers midi,

nous arrivâmes à la maison. Nous trouvâmes nos gens
assis autour du feu, déplorant déjà la triste fatalité par
laquelle nous avions été entraînés à parcourir ces montagnes glacées, que des crevasses remplies de neige
rendent très-dangereuses, et dont ils s'entendaient retracer les risques par quelques matelots qui étaient allés
à l'île Kerguélen, et qui accompagnaient leurs démons-
trations de citations terribles. Quoique sans égards pour
nous, et d'une insolence sans égale, ils eussent été
fâchés de nous perdre, parce que nous avions toujours
soutenu leur courage en leur montrant l'espoir d'une
délivrance prochaine par un navire venant de l'île de
France. D'ailleurs, nous avions avec nous la poudre
que nous avions sauvée du naufrage, seul moyen d'allumer du feu dans l'île si nous avions le malheur de
laisser éteindre le nôtre. Cette dernière considération,
je n'en doute pas, contribua beaucoup à la joie qu'ils
éprouvèrent en nous voyant de retour : ils la témoi-
gnèrent d'une manière non équivoque. Notre état, il
est vrai, était pénible ; nous étions transis de froid,
entièrement mouillés, nos pieds étaient ensanglantés, nos
souliers étaient restés dans la neige, et nos joues extra-
ordinairement enflées laissaient à peine voir des yeux
dont l'abattement devait prouver l'anéantissement de
nos forces. Notre premier besoin fut de sécher nos
vêtements auprès du feu ; dès qu'ils furent secs, nous
voulûmes nous livrer au sommeil, mais la douleur que
me causait mon pouce était trop vive pour me laisser
fermer l'œil. Je résolus donc d'y mettre un appareil,
que je priai un de nos gens de faire : c'étaient deux
petits morceaux de bois engougés que j'appliquai des
deux côtés du pouce. Un de nos gens les entoura d'un
fil de carret, qu'il roidit jusqu'à faire joindre les deux

morceaux de bois, afin de faire tenir le pouce droit. La douleur que me causa cette opération fut inouïe. Les personnes qui ont éprouvé de pareils accidents pourront seules s'en faire une idée. L'opération finie, je gardai l'appareil bien roidi sur le doigt, et je résolus de ne plus y toucher. Me trouvant alors un peu plus à l'aise et n'ayant aucune envie de manger, je leur fis part du succès de notre voyage, qui se trouvait presque sans fruit, dès que nous ne pouvions habiter cette vallée, ayant à parcourir, pour nous y rendre, un chemin impraticable pendant l'hiver. Si je ne leur apprenais rien de consolant, ce qu'ils me dirent ne le fut guère pour moi, lorsqu'ils me rapportèrent que les oiseaux avaient dévoré la chair des éléphants marins que nous avions tués pour couvrir la maison, et qu'il n'en restait qu'un morceau qui nous devait à peine suffire pour la journée ; qu'ils avaient essayé d'en trouver d'autres, mais qu'ils s'étaient tous enfuis à leur approche, après avoir vu couler le sang du premier auquel ils avaient donné un faux coup de lance. Nous résolûmes donc de nous rationner sur ce morceau, jusqu'à ce que nous vissions quelques éléphants sur la grève. Vers le soir, un léopard de mer monta très-près de la maison, mais il se retira dès qu'il nous vit près de lui. Dans la soirée je pus dormir, et je me remis un peu des fatigues de la nuit précédente.

« Le 16, la neige dura tout le jour, et le vent en amoncela une grande quantité auprès de la maison. N'ayant rien à manger, nous nous hasardâmes à sortir pour tâcher de trouver quelque éléphant : mais, à notre désespoir, après avoir parcouru la grève, nous revînmes à la maison sans avoir rien rencontré : pas un éléphant, pas un pingouin ne s'y voyait. Les oiseaux marins eux-mêmes, cherchant un abri derrière d'énormes rochers, semblaient participer à la désolation générale. Un très-petit morceau de chair d'éléphant fut partagé en sept parties bien égales; mais ce léger repas n'assouvit pas notre faim. Tout le jour se passa de même et, vers le commencement de la nuit, n'ayant plus de graisse pour entretenir notre feu, nous fûmes obligés de brûler le bois que nous avions sauvé du naufrage. La faim nous tourmenta vivement toute la nuit; je tâchai, mais en vain, d'apaiser la mienne en buvant beaucoup d'eau. Dans la nuit, la neige cessa, mais il glaça très-fort.

« Le 17, le temps fut le même que la veille. Au jour, je me levai et je voulus sortir, croyant être plus heureux que le jour précédent; mais je ne fus pas plus tôt au ruisseau qui nous séparait de la grève de sable, que je vis qu'il n'y avait pas moyen de passer, la neige était élevée de plus de dix pieds. Je jetai les yeux sur la grève, mais rien n'avait changé, on n'y rencontrait pas un être vivant. Je rentrai donc à la maison, et je communiquai ces nouvelles à mes malheureux compagnons; alors ils crurent que c'en était fait d'eux : depuis le 16 au matin, nous n'avions pas mangé ; cette journée allait se passer de même, et il était évident que, si le temps continuait à être de même pendant quelques jours, nous succomberions à la fin au manque de subsistances ; c'est ce qu'ils ne manquèrent pas de me faire observer. Je voulus les consoler en leur retraçant des exemples de gens qui avaient échappé à de plus grandes crises que la nôtre, et je les exhortai, autant qu'il me fut possible, à se confier à cette divine Providence qui nous avait déjà tant de fois secourus. Ils se couchèrent en rond autour du feu, et là le plus profond silence régna pendant tout le jour.

Vers le soir, une faiblesse générale s'empara de nous, et plusieurs crurent toucher à leur dernier instant. Des plaintes sur leur situation, de profonds gémissements, des cris de rage et de désespoir, désormais devenus inutiles, furent les suites de cette persuasion. Ce fut dans cet état d'accablement que se passa la terrible nuit du 17 au 18. Les éléments semblaient conjurés pour nous détruire. Les vents soufflaient avec une fureur inouïe ; un temps noir, triste précurseur des tempêtes, laissait à peine voir la vallée, couverte d'une neige épaisse. Ce fut une nuit de douleurs, une nuit de pensées amères et de regrets déchirants. Je savais que nous pouvions supporter encore la faim deux jours ; mais si ce temps continuait, la mort me paraissait inévitable. Elle l'était en effet dans ce cas, et ma fin prochaine me suggéra de tristes réflexions. C'était sur ce rocher qu'allait aboutir ma vie ! C'était donc là le terme de ma carrière ! Sur une terre destinée à servir d'asile aux monstres de la mer, loin de ma patrie, loin de mes parents, loin de mes amis !

« Le 18, nous vîmes enfin le jour; il ne servit qu'à nous éclairer sur notre malheureuse position, et détruisit en conséquence les espérances que nous avions conçues d'une plus belle journée. Nous promenâmes nos regards tout autour de la maison : nous ne vîmes rien. Nous étant rendus jusqu'au ruisseau, nous ne pûmes le passer, et nous retournâmes au logis, résignés à mourir. Notre faiblesse augmenta en ce jour au point que quatre de nos compagnons ne purent sortir de la maison. Je continuai à boire de la neige fondue, et je crus y trouver un soulagement : personne ne voulut suivre mon exemple. Vers le soir, j'eus encore assez de force pour aller chercher quelques morceaux de graisse à notre magasin, afin d'entretenir le feu, mais c'est tout ce que je pus faire. A mon retour je tombai de lassitude, et je restai en cet état jusqu'au lendemain. Le 19, il ne neigeait plus aussi fortement. M. Fotheringham et moi, qui nous sentions encore les plus forts, nous sortîmes, et nous eûmes la force de parcourir la grève. Nous ne trouvâmes rien, et revînmes à la maison sans aucune espérance. La mort nous paraissait certaine. Rien ne s'offrait qui pût nous en préserver. Deux hommes paraissaient déjà en ressentir les agonies, et je craignais que le manque d'aliments n'engageât quelqu'un à proposer le sacrifice d'un de nous pour sauver les autres. Cette horrible pensée fit que, après avoir bien réfléchi, je m'écriai vers midi, que, si quelqu'un voulait m'accompagner à la grève de l'Abondance, je me faisais fort d'être de retour promptement avec des provisions; j'affirmai avec assurance que la neige étant devenue molle, nous n'aurions à courir aucun risque, si nous marchions avec précaution. Je leur fis ensuite envisager la certitude d'une mort prochaine si nous ne faisions point tous nos efforts pour nous en garantir. Ces considérations déterminèrent deux d'entre eux à accompagner M. Fotheringham et moi à la vallée de l'Abondance ; mais nons n'avions pas de chaussures. Nous coupâmes une des peaux de la couverture de la maison ; nous la partageâmes en divers morceaux, et nous laçâmes les pièces autour de nos pieds. Cette chaussure, toute froide et tout incommode qu'elle était, ne laissa pas que de nous être très-utile pour marcher dans la neige. Nous partîmes donc aussitôt au nombre de quatre, et, vers six heures, nous arrivâmes à la vallée de l'Abondance, après avoir couru le risque d'être engloutis mille fois dans les amas de neige entassés au pied de la montagne. Nous trouvâmes quelques éléphants sur la grève ; nous les tuâmes et nous allumâmes un grand feu sous la voûte que nous avions vue le 14. Nous fîmes rôtir quelques morceaux de chair, et je l'avouerai ici, cette viande, tout enfumée, toute huileuse qu'elle était, me parut le mets le plus agréable que j'aie jamais mangé. Je me gardai bien cependant de me livrer à mon appétit et j'exhortai mes compagnons à suivre mon exemple, ce qu'ils firent sans murmurer. Nous passâmes la nuit dans cet état, et, heureusement pour nous, elle ne fut pas aussi mauvaise que les nuits précédentes.

« Le 20, au point du jour, nous partîmes avec chacun une charge de chair d'éléphant et de jeunes albatros, et nous reprîmes le chemin de la vallée du Naufrage. Nous y fûmes vers cinq heures du soir, ayant été obligés de laisser sur une montagne un de nous, qui, dégoûté de tant de misères, jeta là sa charge, s'étendit dans la neige, et fut sourd aux invitations que nous lui fîmes de se lever. Désespérés de sa résolution, nous essayâmes de le porter ; mais cette entreprise était au-dessus de nos forces. Nous prîmes sa charge de provisions, lui fîmes nos derniers adieux, et le laissâmes là !... A notre arrivée à la maison, nous trouvâmes nos trois compagnons dans un triste état : ils ne pouvaient se lever et avaient laissé le feu s'éteindre ; ils ne répondaient plus que vaguement à nos questions, et la vue de la nourriture que nous leur apportions ne parut faire aucune impression sur eux. A l'aide d'un peu de poudre, nous allumâmes du feu, et nous mîmes aussitôt cuire la viande que nous avions apportée. Aucun d'eux ne voulut y toucher, mais nous les forçâmes d'en manger, en leur mettant nous-mêmes les morceaux dans la bouche, et les obligeant à les mâcher et à les avaler. La fatigue nous fit ensuite nous endormir, et chacun reposa aussi profondément que la pensée du malheur arrivé ce jour à l'un de nous pouvait le permettre. Vers minuit, des cris effroyables me réveillèrent en sursaut, je me levai, et, incertain d'où ils pouvaient provenir, j'éveillai mes compagnons. En entendant les cris répétés pour la deuxième fois, ils furent saisis de frayeur. Ils s'imaginèrent que c'était l'âme du Hollandais Metzeleur, l'homme qui était resté sur la montagne, qui leur demandait des prières; quelques-uns crurent qu'elle faisait des menaces, et affirmèrent qu'elle parlait hollandais. Au troisième cri, je reconnus la voix, et je ne doutai pas que ce ne fût le Hollandais en personne qui se trouvait là. Mais ce que je ne pus comprendre, c'était comment il avait pu revenir pendant la nuit de cet endroit périlleux, et quelle pouvait être la cause de ses cris effrayants. Je sortis sur-le-champ de la maison avec M. Fotheringham, et les plus braves d'entre eux nous suivirent par derrière. Nous nous acheminâmes au lieu d'où partaient les cris, et, rendus au ruisseau dont j'ai déjà parlé, nous en reconnûmes la cause. Nous y trouvâmes Metzeleur, au milieu d'un monceau de neige, faisant tous ses efforts pour s'en retirer, et n'en pouvant venir à bout. Nous le dégageâmes avec assez de peine, et enfin nous fûmes obligés de le transporter jusqu'à la maison. Là il reprit ses sens, et nous raconta qu'il s'était endormi où nous l'avions laissé; qu'il avait été réveillé dans la nuit par une grande douleur dans les jambes, et qu'il avait essayé alors de marcher pour s'en délivrer, ce qui lui avait réussi; qu'après une marche pénible, et tombant à tout moment dans des trous de neige, il avait gagné le bord du ruisseau, et, croyant pouvoir le passer, il avait été englouti dans un endroit profond, où il enfonçait à mesure qu'il voulait s'en dégager. Comme son état était véritablement triste, nous lui donnâmes le matelas des malades (mon ancien matelas) pour s'y coucher, et un sommeil non interrompu le conduisit, ainsi que nous, au lendemain matin.

« Le 21, à notre lever, nous aperçûmes, près de la maison, cinq éléphants mâles, et, allant vers le ruisseau, nous en découvrîmes en quantité dans la vallée. Pleins de joie, nous déjeunâmes des vivres de la veille, et ensuite nous attaquâmes à coups de lance deux des éléphants que nous avions vus; nous eûmes le bonheur de les tuer. Nous en prîmes la graisse et la chair, que nous trempâmes dans de l'eau de mer, et que nous suspendîmes ensuite dans la maison pour les fumer, dans le cas où de nouveaux mauvais temps nous empêcheraient encore de trouver des vivres dans la vallée. Nous prîmes aussi les peaux, les étendîmes sur la maison pour en faire des chaussures quand nous serions obligés de voyager. Le reste du jour, nous nous occupâmes de réparer nos effets avec le fil que nous avions déjà fait du carret de gréement. »

Après dix-sept mois de cruelles épreuves, les pauvres naufragés furent recueillis par un baleinier anglais que la Providence amena dans ces parages désolés. Il est à regretter que M. Lesquin de Roscoff n'ait pu donner aucune nouvelle des quatre matelots restés dans l'île Charles.

M. Ferdinand Denis, dans un livre intitulé *André le voyageur,* a reproduit la relation complète de M. Lesquin.

THORVALDSEN.

Barthélemy Thorvaldsen, né à Copenhague le 19 novembre 1770, était originaire de la terre glacée d'Islande. Son père vint dans sa jeunesse en Danemark et s'y maria. Le pauvre Islandais gagnait péniblement sa vie en ciselant des couronnes de fleurs, des arabesques, et au besoin de ces figures de nymphes qui ornent la proue des vaisseaux. La première chose qui frappa les regards du jeune Bartel (c'est ainsi que dans sa famille on l'appelait), ce fut un ciseau d'artiste et quelques ouvrages qui ressemblaient à de la sculpture. Il alla fort peu de temps à l'école et n'y apprit presque rien. Dès l'âge de onze ans il commença à fréquenter les cours gratuits de dessin, et, mieux organisé sans doute pour l'art que pour la littérature, il ne tarda pas à se distinguer par son application dans ce genre d'étude.

Il passa successivement par l'école linéaire, par l'école de bosse et de dessin. A l'âge de dix-sept ans il concourut et gagna une médaille d'argent. Ce succès n'était pas seulement le fruit de ses dispositions naturelles, mais aussi le résultat de son assiduité au travail et de son éloignement de toute dissipation. Il parlait peu, et quand il avait pris ses crayons, ses camarades essayaient en vain de le distraire ; la tête penchée sur son ouvrage, il ne répondait à leurs agaceries que par des monosyllabes.

Malgré les éloges qu'il avait plusieurs fois reçus et qui auraient pu éveiller son ambition, fils humble et soumis, Bartel n'avait rien à objecter à la volonté de son père qui voulait l'associer à ses travaux de ciseleur, sans porter plus haut ses vues. Souvent l'enfant allait lui porter à dîner sur quelque navire en construction, et, tandis que le pauvre ouvrier prenait son repas, son fils prenait le ciseau et achevait de découper une fleur ou de modeler une figure. Cependant les succès qu'il avait obtenus à l'Académie des beaux-arts avaient déjà fait quelque bruit, à en juger par l'anecdote suivante. Bartel s'était présenté à l'église pour être confirmé [1]. Le pasteur, le voyant assez mal habillé et fort peu instruit, ne fit pas d'abord grande attention à lui ; mais quand il eut entendu prononcer son nom, il lui demanda s'il était parent de Thorvaldsen qui avait remporté un prix à l'Académie. Le jeune homme dut convenir que c'était lui-même. Dès ce moment le catéchiste traita avec une considération toute particulière celui qui devait être un jour une des gloires de son pays.

A l'âge de dix-neuf ans il gagna un nouveau prix. Son père, le trouvant alors assez formé pour la profession qu'il lui destinait, voulait qu'il bornât là ses études artistiques ; mais les professeurs du jeune homme s'y opposèrent. Afin de concilier ce qu'il devait aux besoins de sa famille avec le soin de son avenir, Bartel fut obligé de faire deux parts de sa laborieuse vie, en consacrant une partie de la journée à ses études et le reste à un travail productif. On montre encore à Copenhague plusieurs sculptures de lui qui datent de ce temps-là.

L'époque du grand concours approchait. Thorvaldsen n'avait d'abord pas grande envie de s'y présenter. Il était retenu tout à la fois par un sentiment d'orgueil

---

[1] Dans la religion luthérienne, qui était celle de sa famille.

et par un sentimen de modestie. Il ne se croyait pas en
état de remporter le prix, et il ne voulait cependant
pas avoir la honte d'échouer. Mais ses amis s'efforcè-
rent de vaincre ses répugnances, et pendant plusieurs
mois les plus intimes ne l'abordaient jamais sans lui
dire : « Thorvaldsen, songe au concours ! »

Quand le jour solennel fut arrivé, le pauvre Bartel
traversa, avec de grands battements de cœur, le vestibule de l'Académie. Les élèves devaient d'abord se
réunir dans une salle commune pour y recevoir le programme du concours, puis enfin se retirer chacun dans
une chambre à part pour faire leur esquisse. C'était
d'après ces esquisses que les professeurs jugeaient ceux
qui devaient être admis à concourir, et c'était juste-
ment ce qui effrayait Thorvaldsen. Quand il se vit seul
dans sa cellule, en face de son programme, sa frayeur
redoubla ; il ouvrit la porte et s'enfuit par un escalier
dérobé. Au moment où il exécutait ainsi sa retraite, il
fut rencontré par un professeur qui lui reprocha si élo-
quemment son peu de courage, que Thorvaldsen, honteux, retourna à ses crayons. Le sujet du concours était
un bas-relief représentant Héliodore chassé du temple.
Le jeune artiste acheva en deux heures son esquisse, et
gagna la seconde médaille d'or.

En 1793, il y eut un nouveau concours. Cette fois il
s'y présenta avec plus de résolution et remporta le
grand prix. A ce grand prix était attaché le titre de
pensionnaire de Rome et une rente de 1,200 francs pendant trois ans. Mais les fonds n'étaient pas disponibles,
et Thorvaldsen fut obligé de les attendre durant trois années. Sans se décourager, il passa ce temps d'attente à
continuer ses études, à donner des leçons de dessin, et
il fit quelques travaux pour le palais du roi.

Enfin, en 1796, il reçut son allocation de voyage, et son noble cœur le porta aussitôt à vouloir partager ce modique traitement avec un de ses amis, qui aspirait aussi à devenir artiste, et qu'il offrit d'emmener à Rome à ses frais. Mais l'ami n'accepta pas ce généreux sacrifice, qui les aurait plongés tous deux dans l'embarras.

Le désintéressé jeune homme n'emporta cependant pas tout ce qu'il avait d'argent, et laissa à sa mère une boîte pleine de ducats qui ne la consolèrent pas de l'absence de son fils. La pauvre mère ne voulut jamais toucher à ce trésor qui lui coûtait si cher ; elle le garda religieusement, en disant que son Bartel pourrait un jour en avoir besoin. Elle conservait de même comme des reliques les vieux vêtements délaissés par lui et les arrosait de ses larmes. La pauvre femme est morte sans avoir pu connaître toute la gloire de celui qu'elle avait tant pleuré. Oh ! que la gloire des fils coûte souvent cher au cœur des mères !

Devant économiser beaucoup sur ses frais de voyage, Thorvaldsen s'embarqua sur une frégate qui avait plus d'un détour à faire, et qui le retint près de dix mois en route. Elle s'arrêta plusieurs mois dans la mer du Nord, et aborda ensuite à Malaga, à Alger, à Tripoli, à Malte. Notre voyageur perdit à la fin cette patience dont il avait subi une si longue épreuve ; et, s'embarquant de Malte sur un vaisseau qui allait à Naples, il arriva à Rome le 8 mars 1797. Il s'était mis en route le 20 mai de l'année précédente.

Les premières années qu'il passa dans la ville éternelle furent plus d'une fois traversées par d'amères inquiétudes. Toute l'Europe était alors dans un état d'agitation qui devait se faire sentir jusque dans la retraite du savant et l'atelier de l'artiste. Les questions politiques étouffaient partout le sentiment poétique. Thorvaldsen avait beau travailler avec ardeur, avec enthousiasme, il n'était point encouragé. Le terme de sa pension était expiré, et son génie ne lui fournissait point de moyens d'existence. En 1803, il venait de modeler une statue de Jason pour payer sa dette au Danemark, il avait épuisé toutes ses ressources et il se préparait à retourner dans son pays. Il devait partir avec le statuaire Hagemann, de Berlin. Déjà ses malles étaient faites, le *vetturino* attendait devant la porte, quand tout à coup Hagemann annonça qu'il ne pouvait partir, parce que son passe-port n'était pas en règle.

Une rencontre providentielle avait autrefois sauvé Thorvaldsen au moment où il abandonnait le concours ; une rencontre non moins heureuse le sauva une seconde fois. Le banquier Hope entra fortuitement dans son atelier, aperçut la statue de Jason et en fut émerveillé. « Combien voulez-vous avoir, dit-il, pour exécuter cette statue en marbre ? — Six cents *scudi* (écus), répondit le modeste artiste. — J'en donne huit cents, » s'écria Hope. La somme fut immédiatement payée, et Thorvaldsen resta à Rome. C'est depuis ce temps que son génie a pris l'essor.

En 1819, Thorvaldsen fit un voyage en Danemark. Il y fut reçu avec des témoignages d'affection et d'enthousiasme sans bornes. C'était à qui courrait au-devant de lui ; c'était à qui pourrait le voir. Dans l'espace de vingt-cinq ans, dit son biographe, il était bien changé ; mais il avait gardé toute la fraîcheur, toute la jeunesse de ses premières affections. Son imagination ravivait tous ses souvenirs, et son cœur se dilatait à la vue des lieux où il avait vécu dans son enfance. On lui avait fait préparer une demeure et un atelier dans l'édifice de l'académie. Quand il y entra, un homme l'attendait sous le vestibule, c'était le vieux portier, qui l'avait vu venir là tant de fois comme écolier. Thorvaldsen lui sauta au cou. Pendant un an, il fut encensé, chanté, béni ; et, quand il s'en alla, il avait une escorte comme un roi. Bon pays, où l'on n'est point ingrat envers le mérite !

Thorvaldsen mourut en 1844. Parmi les travaux qui l'ont illustré, nous devons citer les *Douze Apôtres* à Notre-Dame de Copenhague, qui lui firent une réputation universelle. On recourut à son ciseau de toutes les parties de l'Europe, et il exécuta pour Rome le tombeau de Pie VII ; pour Varsovie la statue équestre de Poniatowski, pour Mayence le monument de Guttemberg, etc. Il a fondé un musée à Copenhague et a legué son immense fortune à cet établissement.

HIPPOLYTE FLANDRIN.

Les luttes et les privations des premières années d'études sont communes à beaucoup d'artistes : écrire la jeunesse de l'un d'entre eux, c'est rappeler celle de plusieurs ; mais ce qui est peut-être moins commun, c'est de les voir conserver à l'âge du succès les habitudes modestes et sévères auxquelles les avait astreints la nécessité ; c'est de leur voir conserver la pureté de cœur qui sied si bien au talent, avec la foi qui inspire le génie et en développe l'heureuse express'ons.

Hyppolyte Flandrin fut un de ces artistes d'élite, recommandables à tous égards ; c'est pourquoi nous choisissons sa physionomie entre beaucoup d'autres, dont les débuts ont été rudes aussi. Les soldats de Gédéon n'étaient pas seulement des hommes de sacrifice : ce sacrifice avait un but : ils combattaient pour Dieu.

Hyppolyte Flandrin naquit à Lyon le 23 mars 1809, au sein d'une famille chrétienne qui lui donna dès le berceau les principes et l'exemple qui influèrent sur toute sa vie.

S'il est avantageux à l'homme de porter le joug du Seigneur dès sa jeunesse, comme le dit le Prophète, c'est un avantage aussi d'être né dans une condition médiocre, où tout porte au travail et à la modération : l'exemple et la nécessité en font contracter de bonne heure l'heureuse habitude, dont on se ressent toujours.

Hippolyte fut donc doué de tous ces avantages si précieux aux yeux de la sagesse et de la foi ; M. Flandrin père, après quelques essais pour prendre rang parmi les peintres d'histoire ou de genre, était réduit, pour vivre et pour faire vivre les siens, à la condition de peintre en miniature. Mais les commandes étaient rares, elles cessèrent même d'arriver et le pauvre artiste, père de sept enfants, réduit pour toutes ressources à un maigre patrimoine, était dans une position voisine de la pauvreté.

Aussi madame Flandrin, dont le fils aîné déjà s'adonnait à la peinture, s'était-elle promis que telle ne serait pas la profession d'Hippolyte ni de son jeune frère ; elle voulait les diriger vers l'industrie, carrière plus sûre et plus productive ; mais des vocations irrésistibles se révélèrent chez ces deux jeunes gens, des conseils éclairés les encouragèrent ; la mère dut céder à ces indices providentiels, et elle n'eut pas lieu de s'en repentir.

Hippolyte fit ses premières études à l'Académie de Lyon, sous un bon maître, Pierre Révoil, y remporta des succès, et mérita pour sa première peinture le laurier d'or.

Mais durant ces années d'étude, pendant lesquelles le jeune artiste semait, pour ne récolter que durans l'avenir, il fallait vivre, et alléger autant que possible les charges de la famille. Il fallait de plus se préparer des ressources pour tenter un voyage à Paris, but désiré de l'ambition des deux frères, non dans une intention de plaisir, mais en vue de leur art.

Pour tout cela il fallait accomplir des prodiges d'économie et de patience : quelles privations ne durent pas s'imposer les deux jeunes gens pour arriver à la réalisation de leur projet : petites vignettes dessinées pour les marchands d'images, rébus pour les confiseurs, pierres lithographiées vendues au prix de quinze francs chacune lorsqu'ils y avaient gravé vingt sujets.... Voilà ce qui constitua la formation progressive du petit trésor qui, grossissant peu à peu, devait enfin tôt ou tard leur permettre d'entreprendre le voyage désiré.

Ce fut vers la fin de mars 1829 que les deux frères se mirent pédestrement en route pour parcourir les cent vingt lieues qui séparent Paris de Lyon. Dix longues journées furent employées à franchir cette distance que, sur les ailes de la vapeur, on parcourt aujourd'hui en dix heures. Six fois encore, dans le cours des années suivantes, Hippolyte devait refaire à pied ce voyage pour venir embrasser ses parents.

Une chambre non garnie, très-petite et au cinquième

étage, du prix de cent quarante francs, fut le premier
logement qu'occupèrent à Paris les deux frères..... « Je
vais te dire comment nous vivons, écrivait Hippolyte à
son père : levés à cinq heures, nous allons sentir le bon
air au Luxembourg, qui n'est pas loin ; à six heures au
travail. A huit ou neuf heures nous déjeunons. Malheureusement le pain n'a jamais été aussi cher qu'il l'est à
présent. Ensuite nous travaillons jusqu'à six heures.....
Tu me disais de ne pas contracter de dettes. Oh ! de ce
côté-là tu peux être tranquille ; j'aimerais mieux faire les
plus grands sacrifices. Sois bien persuadé de l'amour de
tes enfants. Malgré leur éloignement de toi, ils ne feront
rien que tu puisses désapprouver, et ils tâcheront de te
soulager. »

Après avoir hésité entre deux grands maîtres, Flandrin se décida à fréquenter de préférence l'école de
M. Ingres. Voici les raisons de ce choix, soumis à l'approbation de son père : « D'abord, à Paris, lui écrit-il,
M. Ingres passe pour avoir de plus grands talents que
M. Hersent ; ensuite, son école est beaucoup mieux réglée et plus tranquille. Il ne souffre pas qu'on fasse ces
mauvaises farces qui font souvent que le meilleur jeune
homme ne peut pas rester. Ainsi, papa, tu vois qu'il y
aurait de bonnes raisons pour aller chez M. Ingres ; mais
je ne veux rien faire sans ton assentiment ; car le choix
d'un maître est une chose assez importante..... »

Que les jeunes gens s'épargneraient de fausses routes
s'ils avaient tous cette humble soumission envers le guide
naturel que leur a donné la Providence, et qui, indépendamment de l'expérience acquise, a reçu du Ciel une
grâce spéciale attachée à sa mission providentielle !

La réponse du père laissant à son fils le choix du maître, quelques jours plus tard Hippolyte et son frère étaient

installés chez l'illustre professeur, qui ne tarda pas à découvrir dans son nouvel élève un talent plein d'avenir, qui lui valut de sa part une bienveillance toute particulière.

La reconnaissance filiale et l'application de l'élève répondaient à la sollicitude du maître.

Les premières lettres de Flandrin à sa famille expriment un empressement au travail digne de remarque. Elles décèlent les habitudes laborieuses qui devaient être celles de sa vie entière. Au lieu de chercher à Paris des distractions, de satisfaire même la juste curiosité que les monuments de cette capitale doivent inspirer à la jeunesse studieuse, il ne songe tout d'abord qu'au travail.

Cependant la pensée du jeune peintre était souvent tournée vers sa ville natale et vers les chers parents qu'il y avait laissés. La réception d'une de leurs lettres était pour lui et pour son frère un événement qui les rendait tout joyeux et leur tenait lieu de toute autre satisfaction. De crainte d'attrister son père, Hippolyte, d'ailleurs si confiant avec lui, n'ose pas lui dire tous les regrets de son cœur en songeant à la maison paternelle. C'est à son frère aîné, Auguste, qu'il adresse plutôt ces confidences :

« ..... Presque toutes les nuits, lui mande-t-il, je me trouve transporté à Lyon, et hier j'étais vraiment fâché contre Paul de m'avoir réveillé, car dans ce moment-là je croyais vous embrasser. Je pleurais de joie..... Souviens-toi que tous les soirs nous sommes convenus de prier les uns pour les autres. C'est à quoi je ne manque jamais. Je suis bien sûr que notre pauvre maman n'y manque guère. Elle nous aime tant, et elle est si loin de nous ! Pauvre père, bonne mère, vous n'avez plus auprès de vous tous vos enfants ! »

A l'école de M. Ingres, dit l'un des biographes [1], le talent de Flandrin, comme celui de beaucoup d'autres peintres, reçut une impulsion décisive. Devenu maître à son tour, le disciple le proclamait plus hautement que personne. Jusqu'à la fin il s'est regardé, de bonne foi, comme l'œuvre absolue de M. Ingres. Et pourtant, malgré sa fidélité aux leçons et aux exemples du grand artiste, il s'est montré non moins fidèle à ses propres tendances en écoutant la voix intime qui lui parlait. C'est aux ressources de son imagination, à l'élévation naturelle de ses sentiments, qu'on doit attribuer certains mérites tout personnelsmanifestés clairement sur tant de peintures murales et de toiles où l'inspiration est au niveau de la science.

Cependant le talent du jeune artiste n'obtenait sa vitalité croissante qu'au milieu d'âpres difficultés matérielles, de privations et de souffrances bien capables de décourager un zèle moins ardent et moins généreux. Ces souffrances, soigneusement cachées d'ailleurs, étaient supportées par Hippolyte Flandrin avec autant de noble fierté que de courageuse résignation, et nul n'en avait le secret, sinon son jeune frère Paul, qui les partageait avec lui.

Les premiers temps de leur séjour à Paris ne furent pas les plus pénibles ; ils avaient apporté une petite somme qu'ils savaient ménager, et l'on était à l'entrée d'une saison où les privations sont moins dures et la vie plus facile. Une des premières lettres d'Hippolyte à son père dit qu'un déjeuner de cinq sous et un dîner de quinze « dans un restaurant très-propre » étaient pour chacun des deux frères la grande dépense quotidienne. C'é-

[1] M. Maxime de Montrond.

tait là le bon temps. Plus tard, ils durent se contenter quelquefois pour leur dîner de trois sous de pommes de terres frites achetées sur le Pont-Neuf.

En arrivant à Paris avec de si modestes ressources, les deux frères s'étaient fiés à l'avenir ; ils avaient compté pour vivre sur le produit futur de leur travail. Malgré tous leurs efforts d'économie, ils avaient vu bientôt s'épuiser les chétives épargnes qu'ils avaient apportées de Lyon, sans réussir encore à s'assurer quelques ressources au delà de la journée présente. Cependant il fallait vivre : on vendait à bas prix quelques dessins ou lithographies. Plus d'une fois, celui qui devait peindre un jour Napoléon III et M. de Rotschild fut contraint d'accepter des portraits au rabais. Il écrivait à son père qui, pressentant la position pénible de ses fils, leur avait envoyé cent francs : « Je viens te remercier de ce que tu as eu la bonté de nous envoyer ; tu t'es peut-être gêné pour cela, et cette idée me fait de la peine. Oh ! si mes désirs étaient accomplis, avec quel plaisir je te soulagerais !…. »

Il demeurait alors quai de la Cité, n° 13, au quatrième. Un bois de lit avec une paillasse et un matelas, une table, deux chaises, un chandelier et un pot à l'eau : voilà le mobilier de la petite chambre. « J'oubliais le balai, ajoute Flandrin ; ainsi, de Lyon, tu peux voir l'état de notre ménage que nous tenons aussi propre et aussi bien rangé que possible…. — Tu nous recommandes l'économie, écrivait-il un peu plus tard à son père, je t'assure que nous en faisons usage, car nous ne dépensons chacun pour notre nourriture que quinze à seize sous par jour. Depuis que nous sommes ici, je ne crois pas avoir dépensé un sou inutilement. Ah ! nous sentons trop combien l'argent que tu nous as envoyé te coûte de sacrifices ainsi qu'à notre chère maman ! Crois que nous le ménageons autant que possible..... »

Pour comble de difficultés, le premier hiver que les frères Flandrin passèrent à Paris fut ce rude hiver de 1829 à 1830, dont on se rappelle encore la rigueur et la durée exceptionnelle. La Seine était si complétement gelée qu'on pouvait la traverser en voiture. Malgré les aumônes qu'on répandait de tous côtés et dont le roi très-chrétien donnait abondamment l'exemple ainsi que sa famille, on n'entendait parler que de la misère générale et de pauvres malheureux morts de froid. Les deux frères habitaient alors, rue de l'Échaudé, une petite mansarde au sixième étage, touchant les toits, et sans feu par un froid de quatorze degrés.

Dans ce petit grenier de la rue de l'Échaudé et au cœur de ce rude hiver, Flandrin peignit son premier grand portrait, à Paris. C'était celui d'un beau grand gendarme en pied, mais non debout, le plafond étant trop bas pour faire poser droit ce grand gendarme. On l'avait mis sur une des chaises, l'autre servait de chevalet, et la petite malle d'escabeau. Le portrait n'en fut pas moins un chef-d'œuvre. Flandrin croyait n'en avoir jamais fait un plus saisissant et mieux peint. Quant au gendarme, il fut si fier et si content de son image, qu'il augmenta spontanément de cinq francs le chiffre de trente francs fixé d'avance.

En dehors de ses études d'atelier, Flandrin se livrait à de fréquentes études pour tâcher d'acquérir l'instruction dont son enfance avait été privée. Sans parler des livres saints dont il alimentait chaque jour ses inspirations d'artiste et sa foi de chrétien, il étudiait les poëmes antiques et se familiarisait avec l'histoire, dont la parfaite connaissance est si nécessaire aux peintres. Ce fut à ces lectures, continuées ensuite à Rome, qu'Hippolyte Flandrin dut presque uniquement ce qu'il savait en dehors de l'art et des questions pittoresques.

Trois années d'études s'écoulèrent ainsi dans la capitale, durant lesquelles Hippolyte avait épuisé, quant à son art, tout ce qui peut s'apprendre. Des premiers succès avaient constaté ses laborieux efforts. A l'école des Beaux-Arts, où il avait été admis dès le mois d'octobre 1829, plusieurs médailles récompensèrent et constatèrent ses progrès. En 1832, pressé par M. Ingres, qui, sûr du talent de son élève, s'était promis cette victoire prochaine, il se présenta au concours du grand prix ; reçu le cinquième, il entra en loge.

Le choléra sévissait cruellement alors. Un des concurrents lut emporté. Flandrin lui-même, affaibli par les privations et le travail, fut atteint par l'influence épidémique. Il était à bout de forces, on lui conseillait de s'arrêter. Il se roidit, et un suprême effort de courage lui permit de continuer son tableau. Sans doute la pureté de conscience et la confiance en Dieu contribuèrent beaucoup à soutenir ce courage, ce mépris de toute crainte. On le voyait chaque jour se traîner, appuyé sur le bras de son frère, jusqu'au seuil de l'école, d'où il devait, après tant d'énergiques labeurs, sortir enfin vainqueur des autres comme de lui-même.

Le sujet donné était *Thésée reconnu par son père*. Le tableau de Flandrin obtint le premier grand prix. Quel triomphe pour l'élève, quelle gloire pour le maître, quel bonheur pour les parents !

Le voilà donc pensionnaire de France à Rome, habitant un palais et se perfectionnant à l'école des grands maîtres de l'art chrétien. Désormais ses luttes amères sont finies ; et notre tâche est terminée, car c'étaient ces luttes surtout que nous voulions peindre. Nous pourrions ajouter des choses touchantes, magnifiques, sur son séjour à Rome et les impressions qu'il y exprime dans des lettres pleines d'intérêt. C'est toujours le même cœur, la même piété, le même amour du travail.

Il passa cinq ans dans cette capitale du monde catholique, où pour comble de bonheur son frère Paul vint le rejoindre. C'est là que son talent a acquis tout le développement qu'il promettait. Désormais regardé à juste titre comme le restaurateur de l'art chrétien en France, il épanche dans ses compositions ce feu sacré dont il s'est nourri. Son tableau de *Jésus et les petits enfants* est un chef-d'œuvre qui fonda sa haute réputation. Il la soutint dignement. Pour s'en convaincre, il faut voir surtout les nombreuses peintures murales qu'il exécuta à Saint-Germain des Prés, à Saint-Vincent de Paul, à Saint-Séverin, à Paris, ainsi que dans des églises de Lyon et de Nîmes. Sa vie, dit un de ses historiens, s'est usée à orner des temples. D'autres raconteront ces remarquables travaux. Nous ne faisons point ici une histoire de l'art, nous avons seulement voulu esquisser un caractère. Flandrin soutint ce caractère pendant toute la suite de sa vie. L'esprit de famille qui l'avait animé comme fils et comme frère, se retrouve plus tard dans l'expression de ses sentiments d'époux et de père. Nous pourrions en citer des traits délicieux.

La ville de Rome, où il avait été si heureux et qu'il avait tant aimée, le rappelait dans ses murs. Il y retourna ; et ce fut avec sa jeune famille que l'auguste chef de l'Église le bénit d'une bénédiction spéciale, ainsi que les travaux du grand artiste. Ce fut dans cette capitale du monde chrétien que Flandrin termina sa belle et laborieuse carrière le 24 mars 1864. Les panégyristes chrétiens n'ont pas manqué à cette glorieuse mémoire.

Nous recommandons particulièrement le livre écrit par M. Maxime de Montrond. On y trouvera tous les détails que nous n'avons pu mettre dans cette courte notice.

L'ABBÉ CHIARELLI.

L'année 1864 a vu mourir à Paris un prêtre qui réunissait, en sa personne, l'austérité de saint Jean-Baptiste et la charité de saint Vincent de Paul.

Certainement ces vertus ne sont pas rares parmi notre vénérable clergé, mais l'abbé Chiarelli les a poussées, on peut le dire, à leurs plus extrêmes limites, à un excès que le monde, même le monde chrétien a peine à comprendre, et qui semble appartenir à quelque saint des premiers siècles de l'Église plutôt qu'à un de nos contemporains.

Les antiques solitaires de la Thébaïde étaient des sybarites en comparaison de l'abbé Chiarelli ; sa vie pourra paraître incroyable ; mais plusieurs témoins de cette vie, que nous avons interrogés, s'accordent dans leurs assertions.

Nous avons d'ailleurs sous les yeux la notice écrite par un de ses collègues, M. l'abbé René, comme lui prêtre du clergé de Saint-Roch. Cette notice est encore incomplète, comme le sera nécessairement notre récit, plusieurs considérations n'ayant pas permis de livrer à la publicité toutes les œuvres de cet humble prêtre dont Dieu glorifiera peut-être un jour la mémoire.

Voici tout ce que nous avons pu savoir jusqu'à présent.

M. Marc-Antoine Chiarelli était né en 1794, à Casanova (île de Corse). Il fut ordonné prêtre en 1825.

Nous ne savons rien de sa jeunesse, ni des premières années de son ministère ; nous savons seulement qu'en 1838, il fut victime d'une imprudence dans laquelle l'entraîna son excessive charité, déjà assez connue pour que des gens qui ne méritaient pas sa confiance eussent l'indignité d'en abuser. On lui extorqua sa signature, en l'assurant que cela ne pouvait le compromettre en rien et qu'avant huit jours la somme serait remboursée : il s'agissait de trois cent mille francs.

Son inexpérience des affaires de ce monde, son désir de sauver une industrie de la ruine, une famille du déshonneur, de prévenir peut-être un acte de désespoir, laissèrent l'abbé Chiarelli sans défense contre de captieuses obsessions. L'emprunt dont il s'était rendu caution n'ayant pas été remboursé, l'innocent prêtre fut poursuivi par les créanciers et incarcéré à la prison pour dettes où il passa trois ans.

Son humilité et le mépris que dès lors il avait pour les commodités de la vie devaient lui rendre sa position moins amère qu'elle ne l'aurait paru à beaucoup d'autres. Mais sa foi lui rendait bien douloureuse la privation de célébrer le saint sacrifice de l'autel. Du moins s'en dédommageait-il autant que possible en exerçant le ministère de l'apostolat au milieu des prisonniers ses compagnons d'infortune, parmi lesquels il fut l'instrument de plusieurs conversions.

Jugé sévèrement à l'archevêché, par suite de l'imprudence dont il s'était rendu coupable, il ne put, étant sorti de prison, trouver d'emploi dans le diocèse de

Paris, et la célébration des saints mystères lui fut interdite durant trois ans encore. Il rencontra plus d'indulgence à Versailles, et pendant trois ans il s'y rendit tous les jours à pied pour y dire sa messe.

Dans toute la suite de sa vie, non plus que saint Vincent de Paul, il n'alla jamais en voiture.

Enfin, il rentra à peu près en grâce et obtint à Saint-Roch, la plus riche paroisse de Paris, peut-être, une petite position qui lui rapportait six cents francs. Il disait la messe et il veillait les morts.

Pour tout autre que l'abbé Chiarelli, ce revenu eût été insuffisant; mais son régime de vie lui permettait de faire encore des économies au profit des pauvres : aidé par les aumônes des fidèles, il en nourrissait un nombre incroyable. Mais pour lui il se refusait tout.

Qui pourra raconter ses austérités ? Souvent il portait le cilice, et pendant quarante-cinq ans il ne mangea rien que quelques onces de pain noir avec un verre d'eau, sur les cinq heures du soir. Pendant le carême, voulant se mortifier encore davantage, souvent il ne mangeait que le jeudi et le dimanche, suivant en cela l'exemple de sainte Geneviève, la patronne de Paris.

La fenêtre de sa chambre restait ouverte le jour et la nuit en toute saison, et comme on lui demandait le motif, il répondit : Quand le Fils de Dieu, mon maître, vint au monde, ce fut dans l'étable de Bethléem, ouverte à tous les vents; moi, je suis son disciple.

Dans sa chambre, pas de lit; il n'avait pas tardé à trouver que c'était un luxe superflu. Il ne s'est pas couché pendant quarante-cinq ans; une chaise, dont le dossier était démoli et le siége se composait de trois moitiés de bûches, lui en tenait lieu. C'était là qu'il se reposait de ses fatigues et qu'il se livrait au sommeil. Cette chaise composait à elle seule tout son mobilier. Ce fut le seul héritage qu'il put léguer à l'amitié.

Nous l'avons vue, cette chaise vénérable, nous avons baisé avec respect cette relique sacrée, précieux témoignage d'une mortification sans égale, et dont peut-être un jour la piété se disputera les vestiges.

A l'exemple de saint François, il n'avait ni linge ni vêtements, excepté ce qu'il portait sur lui. Indépendamment de sa mauvaise chaise, une poignée de livres gisait sur le pavé de sa chambre. La tablette de sa cheminée lui servait au besoin de bureau pour écrire. Cette cheminée ne vit jamais de feu, si ce n'est un feu de boules de papier pour faire cuire des petits pains qu'il pétrissait lui-même avec des farines grossières, et qui avaient le double inconvénient d'être à la fois mal cuits et brûlés.

Nous avons vu également un de ces pains, capables de refouler l'appétit le plus robuste.

Notre anachorète en avait mangé de plus mauvais encore :

Un jour, un boulanger de Paris allait jeter trois cents livres de pain avarié ; l'abbé Chiarelli, qui passait en ce moment, demanda à acheter ce pain, qui lui fut donné à vil prix, probablement. Il l'emporta à Saint-Roch, le plaça dans une armoire bonne tout au plus à mettre du bois ; et, pendant longtemps, il se nourrit de ce pain en le faisant tremper dans l'eau.

Il avait pour cela un procédé ; c'était de mettre ses croûtes sur le toit dans lequel se trouvait la croisée de sa mansarde ; exposées ainsi à la pluie ou au serein, elles se ramollissaient assez pour qu'il pût les mastiquer avec moins de peine.

Il n'était jamais malade ; son estomac, parcheminé comme sa peau, collant à ses os, était fait à cette nourriture, tant il est vrai que le corps s'habitue à tout. Exempt de ces humeurs surabondantes qui troublent souvent l'économie de la santé, M. Chiarelli devait parvenir à un âge avancé, sans infirmité aucune.

Il fut cependant un jour violemment incommodé, dit-on, pour avoir mangé du raisin qu'il aimait et dont on lui avait fait cadeau. Ce fut pour lui un nouveau motif de se sevrer de nouveau de toutes ces douceurs auxquelles il n'était plus accoutumé, et pour revenir à toute la rigueur de son régime xérophagique.

Un soir qu'il revenait de faire la charité à des malheureux aux environs de Paris, il fut rencontré par des malfaiteurs, qui lui fendirent le crâne et le laissèrent comme mort.

Après être resté vingt-huit heures couvert de sang, une pluie violente venant à tomber, il trouva assez de forces pour se relever, et revint à Saint-Roch pour dire la messe.

On le força à aller chez un pharmacien, panser sa blessure ; il y alla et dit la messe.

Et comme on lui demandait s'il ne connaissait pas les malfaiteurs qui l'avaient ainsi maltraité, il répondit : Si je les connaissais, je me garderais bien de dire leurs noms. Je suis trop heureux d'avoir souffert, à l'exemple de mon divin Maître, qui a pardonné à ses bourreaux, car je suis son disciple.

Un jour on vint lui dire : Il y a à Versailles une femme âgée et très-malheureuse qui va mourir ; elle prétend que, si elle vous voyait, elle se déciderait à recevoir les sacrements. M. Chiarelli part à neuf heures du soir et à pied, suivant sa coutume ; c'était l'hiver, il faisait un temps affreux. Il arriva à Versailles le matin, et, après être allé à l'adresse indiquée et y avoir rempli son ministère, il revint dire la messe à Saint-Roch, et repartit aussitôt pour Vincennes où l'attirait un nouveau motif de charité.

Sa douceur et sa bonté n'étaient pas moindres que son active bienfaisance.

Qui pourra dire tous les traits de cette charité, non moins prodigieuse que sa mortification ? Ces deux vertus étaient chez lui compagnes inséparables.

Que d'âmes il a ramenées à Dieu ! Que de larmes il a séchées, que de secours de toutes sortes il a distribués !

Chaque année, ce pauvre prêtre, aux modiques honoraires de six cents francs, distribuait environ trente à quarante mille francs aux pauvres et payait leurs loyers.

Huit jours avant sa mort, il avait encore payé à un boulanger de Paris, douze cents francs de pain pour les pauvres.

Chaque jour il en était accablé, et il venait en aide à tous.

Cet homme, qui se refusait tout à lui-même, savait tout obtenir de Dieu et des hommes.

Bien des fidèles versaient leurs aumônes dans ses mains, souvent même sans qu'il les sollicitât.

Une jeune dame de je ne sais plus quelle province et sur le point de se rendre à Paris, sollicitait les conseils de son directeur : « Vous allez, lui dit-il, dans une ville où se rencontrent bien des dangers ; tâchez au moins de mériter la protection divine en inaugurant par l'aumône votre séjour dans cette capitale. Allez à Saint-Roch, demandez l'abbé Chiarelli, un saint prêtre ; remettez-lui votre aumône ; elle sera bien placée, et elle vous portera bonheur. »

A peine arrivée, cette dame remettait à l'abbé Chiarelli une papillote contenant trois mille francs.

Une famille anglaise, autrefois dans l'aisance et appartenant à la classe aristocratique, était venue à Paris à la suite d'un désastre qui l'avait ruinée. Elle avait inspiré de l'intérêt non-seulement aux prêtres de la paroisse qu'elle habitait, mais au clergé de Saint-Roch, et l'un de ses membres, chargé de la distribution des secours, s'était montré envers elle aussi large que possible. Ce bon accueil ayant inspiré confiance à la pauvre mère de famille, elle vint un jour avouer à ce prêtre qu'elle se trouvait dans une grande perplexité, ayant laissé à Londres des objets de prix, tels que souvenirs et portraits de famille, engagés, fort au-dessous de leur valeur, et sur le point d'être vendus. Ce sacrifice paraissait trop cruel à cette dame, et elle demandait instamment qu'on lui vînt en aide pour l'empêcher de s'accomplir.

Apprenant qu'il aurait fallu pour cela un secours de trois mille francs, le bon prêtre, réduit à de beaucoup moindres ressources et se devant avant tout à ses paroissiens, déclara qu'il ne pouvait procurer une telle somme, ni même rien qui en approchât tant soit peu.

La dame se désolait, car elle avait sans doute fait inutilement d'autres tentatives, et le temps pressait. Écoutez, lui dit le prêtre, il y a ici quelqu'un qui sait venir à bout de ce qui est impossible aux autres : l'abbé Chiarelli achève en ce moment sa messe ; allons le trouver, peut-être découvrira-t-il quelque moyen de vous tirer de peine.

Après avoir écouté cette dame, l'abbé Chiarelli lui dit de prier Dieu et la sainte Vierge, qu'il prierait aussi de son côté, puis il ajouta : « Revenez après-demain. »

Le surlendemain la somme était prête.

Cette famille partit aussitôt pour l'Angleterre, où elle put rentrer en possession des objets qui lui tenaient tant à cœur, et où elle retrouva une fortune inespérée.

Un autre jour, un homme honorable vint lui dire qu'il avait absolument besoin d'un emploi de six mille francs. Ceux qui ont quelque expérience de la vie savent si cela est facile ! L'abbé Chiarelli avait des intelligences dans toutes les administrations aussi bien que dans le Ciel : au bout de huit jours, la place était obtenue.

Il était quelquefois prophète. Une dame lui exprimait les plus vives craintes pour le salut de son mari, aussi éloigné de Dieu que possible, et ayant résisté jusque-là à toutes les tentatives faites pour sa conversion. L'abbé Chiarelli entreprit de la rassurer, et lui prédit que son mari mourrait comme un saint : l'événement justifia cette prédiction.

La mort de l'abbé Chiarelli fut digne de sa vie.

Le mercredi 8 juin, il avait dit la messe à Saint-Roch pour la dernière fois ; un prêtre l'avait accompagné à l'autel, car il ne pouvait presque plus marcher.

Le lendemain jeudi, sa faiblesse augmentant, il ne put dire la messe et on le força de se mettre dans un lit. Alors, il voulut aller mourir chez un de ses pauvres, chargé de famille, afin d'intéresser, par sa présence, en faveur de ce malheureux ceux qui viendraient le voir.

Ce pauvre, qui demeurait à Vaugirard (car il en avait de tous les côtés), fut obligé d'emprunter des draps pour pouvoir offrir l'hospitalité à cet hôte vénéré.

Le lendemain, 10 juin, le malade envoya chercher M. l'abbé de Cutolli, pour lui administrer les derniers sacrements. Le dimanche 12, à sept heures du matin, il rendait sa bel'e âme à Dieu.

Après sa mort, son visage devint souriant ; on aurait pu croire qu'il n'était qu'endormi. Il fut revêtu de la soutane et du rabat, tenant un crucifix dans ses mains ; beaucoup de personnes vinrent prier auprès de son lit de mort, de pieuses femmes déposèrent des lis et des roses sur son corps, et chaque enfant de chœur de Saint-Roch voulut aussi lui apporter une fleur ; on faisait toucher des chapelets, des médailles et des images à son visage.

Le R. P. Larcher, religieux dominicain, trouvait qu'il ressemblait à saint Vincent de Paul. — C'est que la conformité de ces deux grands cœurs se reflétait jusque sur leurs traits.

M. le docteur Hermel, qui l'avait soigné, le fit photographier ; et à cette occasion, en présence de M. l'abbé René, du clergé de Saint-Roch, on cita le trait suivant :

Un jour quelqu'un demandait à l'abbé Chiarelli comment Dieu pouvait écrire toutes les pensées, les paroles et les actions des hommes, pour en faire la matière du jugement dernier.

L'abbé Chiarelli avait répondu : C'est chose bien facile à Dieu qui est tout-puissant ; mais voyez plutôt ce qui se passe pour la photographie. Le photographe a préparé une plaque : celui dont on va faire le portrait est placé devant, à une certaine distance ; le photographe, après avoir mis la plaque dans l'appareil, s'éloigne ; un instant après, il revient, il fait voir la plaque, et l'homme qui était à distance y est exactement représenté.

Comment cela a-t-il pu se faire ? le comprenez-vous ? Eh bien ! pourquoi Dieu n'aurait-il pas aussi, si je puis m'exprimer ainsi, une ou plusieurs plaques pour reproduire les pensées, les paroles et les actions des hommes?

C'est ainsi que devant son lit de mort on se rappelait ses discours, empreints de la sagesse de Dieu même.

Plusieurs personnes demandèrent une mèche de ses cheveux. On disait : C'est un saint.

Plusieurs soldats vinrent aussi s'agenouiller auprès de ce lit de mort.

Le convoi de l'abbé Chiarelli a été célébré en l'église Saint-Roch, le mardi 14 juin à onze heures du matin. La levée du corps fut faite à la maison mortuaire par M. l'abbé Guérin, curé de Vaugirard, accompagné de plusieurs prêtres du clergé de Saint-Roch. M. l'abbé Guérin voulut suivre à pied le convoi, par vénération pour ce saint prêtre.

Outre divers membres du haut clergé de Paris qui assistaient à ses funérailles, l'église était remplie de monde et toutes les classes de la société y étaient représentées; mais surtout les pauvres y étaient en grand nombre.

Au moment où on allait descendre le cercueil dans la fosse, les prêtres et la nombreuse assistance versaient des larmes ; on eût pu croire que chacun enterrait son propre père.

On faisait toucher des chapelets, des médailles, des bagues et des livres à son cercueil, que l'on couvrait de fleurs et de couronnes, en disant : « Adieu le père des pauvres ! » On a même vu un de ces malheureux baiser le cercueil par respect, tout en l'arrosant de ses larmes.

On s'est cotisé pour lui procurer une sépulture convenable : c'est au cimetière Montparnasse que dort enfin celui qui ne s'est pas couché pendant quarante-cinq ans.

Espérons que Dieu glorifiera quelque jour la tombe de son serviteur !

HIPPOLYTE VIOLEAU.

Les combattants de la carrière littéraire ont largement payé leur tribut dans la lutte avec les difficultés de la vie. Plusieurs y ont succombé et doivent surtout leur célébrité à la catastrophe qui termina prématurément leur douloureuse existence. Quelques-uns, il est vrai, furent imprudents, imprévoyants : les uns s'arrogeant en dépit des conseils paternels une mission au-dessus de leurs forces ; les autres, trompés par quelques encouragements, entraînés peut-être par une vocation réelle, se trouvant engagés dans une profession qui ne nourrit guère ceux qui l'exercent. A part quelques écrivains qui ont su trouver le chemin de la fortune en flattant les passions de la multitude, ou qui ont vendu leur plume, les littérateurs ne trouvent guère moyen de vivre, à moins qu'ils n'aient d'autres ressources ; et si, chose presque inouïe, il en est qui sont parvenus à se créer une position supportable au moyen d'un honorable talent, ce n'a pu être qu'à l'aide des plus dures privations, et d'une économie parcimonieuse qui dans ce cas devient une vertu de premier ordre.

L'écrivain dont nous allons esquisser les débuts eut cette sagesse, et mérite autant d'être loué pour sa prudente modération que pour la pureté et le talent que l'on remarque dans ses œuvres.

Hippolyte Violeau, né en 1818, est un enfant de la Bretagne, de cette primitive et poétique province dont la couleur risque, hélas ! de s'effacer sous le niveau civilisateur des voies de fer qui commencent à la sillonner. Les leçons du malheur, sans lesquelles aucune éducation n'est complète, ne manquèrent pas au berceau de l'écrivain. Dès son plus bas âge, l'enfant perdit son père, marchand voilier à Brest ; avec lui s'évanouissaient les ressources de sa veuve et de sa petite famille. Voici la peinture que le poëte fait lui-même des premières années de son existence :

> Près d'un feu bien petit pour le froid de l'hiver
> Et le rude labeur d'une veille obstinée,
> En ce temps-là, ma mère avec ma sœur aînée
> Gagnaient, à la lueur d'une lampe de fer,
> A force de travail, le pain de la journée.
>   Mon autre sœur, enfant aussi,
> Partageait tour à tour mes jeux et leur ouvrage.

Ce fut auprès de cet humble foyer que le futur écrivain reçut, d'une mère pieuse et sage, les premières et ineffaçables impressions qui réagirent sur toute sa vie et inspirèrent ses compositions ; la lecture y contribua aussi ; mais dans ce sanctuaire de la famille ne pénétraient que de bons livres. Son grand-père, auquel Hippolyte servait souvent de lecteur, aidait à développper la solidité de son jugement et, guidé par le simple bon sens, commentait avec lui les poëtes classiques. Tels furent les seuls maîtres d'Hippolyte Violeau jusqu'à l'âge de douze ou treize ans. Il lui fallut alors entrer dans un atelier pour apprendre un état.

Sa vocation naissante et sa piété sincère lui rendirent cette nouvelle situation extrêmement pénible : d'abord le travail manuel contrariait les inspirations de son esprit ; mais ce qui lui était bien plus insupportable, la conduite et les discours de ses compagnons révoltaient sa foi et son innocence. En vain son dévouement filial le porta à dissimuler sa souffrance à sa mère, elle sut bientôt la pénétrer ; en vain résista-t-il aux instances, qu'elle lui fit pour quitter ce milieu corrupteur, il lui fallut céder aux vœux réunis de sa famille alarmée ; il quitta la carrière entreprise et songea à chercher un petit emploi plus en harmonie avec ses dispositions et ses facultés.

Ici commença pour le jeune homme une nouvelle série de déceptions : pauvre, obscur, il n'avait aucun protecteur, et toutes les portes se fermaient devant lui.

Nous ne pouvons entrer dans le détail de toutes les démarches et de tous les mécomptes du jeune Violeau, mais on pourra s'en faire une idée quand on saura qu'il sollicita sans succès pendant plus de dix-huit mois une modeste place de 400 francs au bureau des hypothèques. Car, si modique que soit un emploi, il y a toujours surabondance de postulants. Enfin il obtint ce poste tant désiré, dont les émoluments devaient amoindrir la gêne de l'humble famille.

Pendant la longue attente qu'il lui avait fallu subir, le jeune homme ne s'était pas abandonné à un oisif découragement ; il avait cherché à augmenter la faible somme de ses talents : et la bienveillance d'un commis de marine lui avait valu quelques leçons gratuites d'écriture.

Le poëte novice s'était cru en état de faire une pièce de vers, et, dans l'espoir d'un succès, l'avait envoyée secrètement au bureau d'un journal de Brest. Le rédacteur, ne l'ayant pas jugée digne des honneurs de l'impression, eut au moins assez d'obligeance pour faire remarquer au jeune auteur les fautes de versification et même de français, qui la rendaient inadmissible, en ajoutant à son refus quelques paroles encourageantes pour l'avenir. Néanmoins, Hippolyte n'éprouva en ce moment que l'impression du désespoir : il se crut destiné à échouer dans toutes ses tentatives et forma le vœu de mourir plutôt que de rester un inutile fardeau pour sa famille ; mais il rencontra dans une église un refuge toujours ouvert à la douleur, et, dans la divine présence de Celui qui y donne audience à toute heure, un ami dans le sein duquel il put verser d'abondantes larmes. Soulagé par cet épanchement, il crut pouvoir dissimuler à sa famille ce nouveau chagrin ; mais sa mère et ses sœurs le pénétrèrent, et, pressé de sollicitations et de caresses, ce pauvre cœur dut enfin laisser échapper son secret.

Il y avait dans la maison une réserve de vingt francs amassés au prix de bien des labeurs et de privations. « Hyppolyte, dirent-elles, voici nos économies, prends cette petite somme et fais-toi donner des leçons afin d'apprendre ce qu'il te faut encore savoir pour être un poëte. » Ces vingt francs procurèrent trois mois de leçons de français et de littérature au jeune homme qui reprit courage. Ce fut là tout le complément de l'éducation que reçut Hippolyte Violeau.

Mais la nature avait richement compensé ce qui pouvait lui manquer du côté de l'étude ; et la foi, cette grande source d'inspirations, devait féconder toutes ses œuvres : *la sainte Vierge, l'ange de la prière*, tels furent les objets de ses premiers chants. Pendant qu'il rimait ses essais poétiques, ses sœurs passaient des nuits et multipliaient les efforts de leur aiguille, afin de gagner l'argent nécessaire à les faire imprimer. Mais autant elles étaient animées de confiance, autant leur frère éprouvait d'appréhensions ; et la crainte de voir se dissiper, comme tant d'autres, sa dernière espérance, le fit longtemps ajourner cette publication rêvée ; enfin le recueil parut sous le titre de : *Loisirs poétiques*, vers la fin de 1840.

Alors on vit une chose vraiment extraordinaire : ce livre, sans être recommandé par aucun protecteur, aucun ami, aucun journal, eut un succès vraiment providentiel et que n'explique pas uniquement son mérite. Alors vinrent de tous côtés des encouragements bien glorieux, tels que des témoignages d'approbation de la part de Châteaubriand, de Charles Nodier et de Lamartine.

Enhardi par ce premier succès, Hippolyte Violeau envoya une pièce de poésie au concours des jeux Floraux, et obtint la touffe de violettes d'argent léguée par Clémence Isaure. La ville de Brest, fière de cet enfant dont la gloire naissante rejaillissait sur elle, lui décerna à son tour un prix de mille francs, accompagné d'un ouvrage de trente volumes avec une inscription très-flatteuse pour le lauréat.

Alors on vit l'ancien solliciteur, si souvent éconduit, devenir à son tour l'objet des empressements de ceux qui l'avaient rebuté naguère ; et, ce qui témoigne d'un caractère éminemment modeste et chrétien, c'est que le nouvel élu de la gloire ne rendit que bienveillance pour les dédains d'autrefois, et que jamais une parole piquante de sa part ne vint reprocher à personne les blessures jadis reçues.

Deux ans plus tard, Hippolyte Violeau livrait au public ses *Nouveaux loisirs*, et, en 1845, il emportait à la fois deux nouveaux prix aux jeux Floraux. Bientôt du fruit de ses travaux il put acheter, près de Morlaix, un terrain planté d'arbres, et y faire bâtir la maison rustique qu'il avait rêvée.

Il alla s'y fixer avec sa famille, que vint compléter une femme de son choix. Borné dans son ambition et ayant trouvé dans ses modestes habitudes le véritable secret d'être heureux, ce poëte, au cœur simple et pur, n'aurait plus connu que les vraies joies de la vie, sans l'inexorable loi qui condamne ceux qui nous ont précédés dans la vie à descendre avant nous dans la tombe ; mais au moins son grand-père, avant de mourir, avait pu applaudir à ses premiers succès, et sa mère en jouit aussi pendant quelques années ; sa jeune sœur se maria, et de toutes les personnes qui avaient entouré son berceau et partagé ses vicissitudes, il ne lui resta que sa sœur aînée ; une épouse pleine de mérite, et tout à fait selon son cœur, comblait le vide qu'avaient laissé les absents au foyer domestique.

Le *Livre des Mères* et les *Soirées de l'Ouvrier* étendirent la réputation d'Hippolyte Violeau, et lui valurent les suffrages de l'Académie française, qui leur adjugea le prix Montyon.

Tant de beaux résultats n'enivrèrent point le sage auteur ; et, quelques avances qui lui fussent faites pour venir s'établir à Paris, il persista à vouloir vivre à l'écart dans sa province, où il savait être heureux, plutôt que de venir chercher, au contact du grand monde, des avantages douteux, et, dans tous les cas, trop chèrement achetés.

Hippolyte Violeau a produit encore un grand nombre d'ouvrages également dignes d'estime, entre lesquels il faut citer deux volumes intitulés *Souvenirs et Nouvelles*. Il y retrace le roman d'un jeune peintre, qui devient sage comme lui, après avoir failli se briser contre les écueils que lui-même avait eu la prudence d'éviter. Cette nouvelle, intitulée : *Théophile Renaud*, est d'un grand enseignement, et nous ne saurions trop la recommander à l'imprudente jeunese, qui, ne se croyant pas faite pour la médiocrité, s'obstine à poursuivre des destinées illusoires.

UN HOMME D'ORDRE.

L'économie et la prudence, contenues dans de justes bornes, sont, nous l'avons déjà dit, des vertus non moins louables en leur lieu que des actes en apparence plus héroïques ; elles témoignent souvent d'une patience résultant d'une grande force d'âme. Elles aident à la bienfaisance du riche et le pauvre leur doit son indépendance. Elles permettent enfin à ceux qui savent les mettre en pratique de traverser des temps difficiles sans se rendre à charge à personne.

Un habitant de Paris, qui se trouvait depuis long-temps dans une position très-gênée, ayant épuisé ses dernières ressources dans cette lutte contre la misère, parvint enfin à obtenir un modeste emploi qui devait le mettre désormais à l'abri du besoin. Il était temps : après avoir payé le loyer de sa chambre, entièrement dégarnie, il ne lui restait plus que le vêtement qu'il avait sur lui et la modique somme de deux francs pour vivre encore vingt jours, au bout desquels il devait recevoir ses premiers honoraires. Heureusement pour lui, il était seul.

Assurément, plusieurs à sa place ne se seraient point crus dignes de blâme en absorbant cette faible ressource en un jour ou deux, croyant faire preuve d'une rare philosophie ; peu eussent été au delà de quatre jours, et après cela il leur eût fallu escompter les ressources à venir, essayer d'emprunter, sans pouvoir y réussir peut-être, car peu de gens suivent, en prêtant aux pauvres, le conseil du Roi-prophète. Dans tous les cas, les emprunts ont l'inconvénient de faire passer en pénibles

démarches un temps qui aurait pu être plus utilement
employé ; ils exposent à plus d'une humiliation etplacent l'emprunteur dans un cercle vicieux d'engagements dont on parvient rarement à se retirer.

Ainsi ne fit pas notre héros, qui s'était pénétré de
cette maxime de Franklin : *Couche-toi sans souper plutôt que de te réveiller avec une dette.* Il résolut de se
suffire à lui-même pendant vingt jours avec ses quarante sous.

Tous les matins il achetait un sou de pain et l'arrosait d'un superbe verre d'eau de Seine dont la maison
qu'il habitait était fort heureusement pourvue. Puis il
se rendait à ses occupations. Au retour il achetait sur
le Pont-Neuf un sou de pommes de terre cuites toutes
fumantes, qu'il mangeait assaisonnées d'un peu de
sel. Assurément un pareil régime n'aurait pas été longtemps suffisant, mais à la rigueur on peut le supporter
pendant trois semaines sans en mourir. Au lieu de
tomber dans la langueur, notre Parisien se ranimait par
l'espérance, et la tranquillité d'esprit le soutenait mieux
que n'aurait pu le faire une nourriture substantielle
privée de ce précieux assaisonnement : il avait le sommeil paisible, et *qui dort dîne*, dit le proverbe.

D'ailleurs, *l'homme ne vit pas seulement de pain*,
dit l'Écriture ; et l'intelligence, à Paris surtout, rencontre de délicieux aliments, ne coûtant rien à celui
qui aime mieux en nourrir son esprit que de consommer à grands frais dans les cafés et restaurants une
nourriture falsifiée, ou d'aller respirer un air vicié dans
des théâtres malsains à plus d'un point de vue. N'avonsnous pas nos musées, nos bibliothèques publiques, des
monuments qui rappellent les souvenirs du passé, des
temples splendides où retentissent des voix éloquentes ?

Nos rues n'offrent-elles pas une exposition permanente d'industrie, nos promenades, de frais ombrages, et même des spectacles en plein vent ?

Le pauvre, quels que soient ses goûts, ses tendances, ne saurait manquer de distractions dans cette capitale, n'y connût-il même personne. Celui dont nous racontons l'histoire avait encore des amis, auxquels il rendait le soir quelques visites. En le voyant vêtu de l'habit noir, et l'air satisfait, nul ne se serait douté de l'extrémité à laquelle il était réduit. Redoutant le rôle d'un parasite, il se gardait bien de se présenter nulle part avant le dîner, et refusait obstinément toute invitation ; seulement, il croyait pouvoir accepter, le soir, sans tirer à conséquence, soit une tasse de café, soit un fruit, un verre de limonade, instamment offerts par l'amitié.

Ce fut ainsi qu'il atteignit sans trop de peine le terme désiré. Sa position dut lui paraître alors d'autant meilleure qu'elle avait été précédée de plus de privations et qu'il avait su se défendre de la grever d'avance ; offrant ainsi un rare exemple de ce que peut la force de volonté dans une circonstance difficile, et recueillant le fruit d'un courage non moins honorable que celui qui se manifeste par des actions d'éclat et des actes de dévouement exceptionnels.

UN ANACHORÈTE DANS PARIS.

Nous avons connu un homme encore jeune, et jouissant de la santé la plus florissante, qui menait au sein de Paris une vie aussi austère et aussi retirée que celle de n'importe quel moine de la Thébaïde.

De la part de ceux qui vivent en communauté cela surprend moins ; la règle, l'exemple, le devoir de l'obéissance soutiennent beaucoup ; les exercices se font en commun, la récréation y a son tour. Mais supporter seul le poids d'une vie austère est plus difficile, et requiert une force d'âme exceptionnelle.

Celui dont nous parlons avait cependant essayé de la vie commune ; il paraît avoir été postulant dans un monastère de la Trappe, et sa vocation, sans doute, n'avait pas semblé suffisante pour qu'il pût être définitivement admis. Il avait aussi exercé dans le monde des emplois modestes. Toutefois il n'était pas du monde et vivait comme n'y étant pas.

Il était, quand nous l'avons connu, principal rédacteur dans une entreprise littéraire qui a échoué faute d'argent. Tant que l'affaire put marcher, elle lui laissait quelques loisirs, qui lui permettaient de se livrer à ses goûts méditatifs ; quand elle s'arrêta, ses fonctions se bornèrent pendant plusieurs mois à garder le bureau et à recevoir les réclamants, à répondre aux questions. Jamais les intérêts d'un patron en détresse ne se trouvèrent en mains plus sûres : muet comme la tombe, il savait, sans être impoli, éviter de compromettre celui à qui pouvait rester encore quelque espoir de regagner un crédit que la moindre indiscrétion eût pu détruire.

Il fallait sans mentir dissimuler la vérité, ce qu'il faisait admirablement et sans blesser la droiture de son caractère, qui allait même quelquefois jusqu'à la roideur.

Durant cette période surtout, les loisirs ne lui manquaient pas, puisque son rôle se bornait à celui d'un gardien fidèle. Il passait le temps à prier, à méditer, à préparer des travaux pour l'avenir ; travaux que dans son esprit d'indépendance il comptait ne publier que lorsqu'il aurait le moyen d'en faire lui-même les frais; en attendant, *il compilait, compilait, compilait.....* dans un but d'apostolat infiniment louable.

Cependant le chemin de la fortune n'était précisément pas celui qu'il semblait prendre.

Aux premiers temps de son séjour dans cette administration malaisée il n'avait pour tous honoraires que dix francs par semaine, il est vrai qu'on le logeait ; mais il avait à pourvoir à sa nourriture et à son entretien.

Cet entretien, on peut le présumer, était des plus modestes; quant à sa nourriture, nous l'avons vue se composer de pain sec et d'un verre d'eau, ce qui n'excluait pas de ses joues les couleurs de la santé, ni la vivacité qui brillait parfois dans son œil méridional.

Il réservait sur son faible traitement le moyen de faire de bonnes œuvres : il achetait des livres dans l'intérêt de ses travaux, ou pour les donner à ceux qui avaient besoin de s'édifier par de bonnes lectures, entre autres aux prisonniers. Il aidait de sa bourse les nécessiteux, qui trouvaient aussi près de lui des conseils pleins de sagesse et des encouragements dans leurs peines. Ses entretiens intimes avec Dieu le faisaient pénétrer dans le secret de beaucoup de misères, et il savait en indiquer le remède moral en même temps qu'il procurait un léger soulagement matériel.

Un jour il reçut la visite d'une de ses compatriotes, qui avait été sa propriétaire. Ce n'était pas apparemment une propriétaire des plus huppées : venue à Paris pour une petite affaire d'intérêt dont la conclusion s'ajournait indéfiniment, la pauvre femme voyait avec inquiétude les ressources dont elle pouvait disposer se dissiper rapidement en frais d'hôtel exorbitants pour elle. Notre anachorète s'empressa de mettre sa modeste chambre de garçon à la disposition de cette dame, et se contenta, pendant un mois, de goûter le sommeil sur une chaise dans son bureau. En reconnaissance de son hospitalité, sa garde-robe reçut de la part de la dame des réparations fort urgentes et se trouva remise dans le meilleur état possible ; de sorte qu'il se crut encore l'obligé. Cette union de deux misères, se prêtant un mutuel secours, offre un tableau des plus touchants !

Les appointements de l'employé avaient augmenté successivement jusqu'à lui valoir cent francs par mois ; s'il ajoutait alors un morceau de chocolat à son pain sec, il multipliait surtout ses bonnes œuvres. Le moment vint cependant où ses émoluments furent supprimés. Alors quelques saintes âmes pourvurent à ses besoins, et, comme il savait les réduire à fort peu de chose, il ne dut pas leur être fort à charge. Cette position d'ailleurs n'était que transitoire : il continuait encore à surveiller la conclusion de l'affaire en litige, mais il était autorisé à chercher un autre emploi. Estimé comme il méritait de l'être, rien ne semblait plus facile que d'en trouver un ; mais la difficulté consistait à en trouver qui lui convînt. Pour rien au monde il n'aurait voulu pour chef d'un homme d'une probité suspecte, et plus d'un honnête homme selon le monde ne lui semblait pas encore assez respectable pour qu'il voulût se soumettre à ses ordres. Puis il désirait un emploi qui ne le mît pas trop en contact avec les hommes, et préférait se réserver une certaine liberté, sauf à être moins rétribué ; or, ce qu'il voulait ne se rencontrait pas tous les jours. Il employait ce temps d'attente à tâcher de mettre d'accord les cointéressés de la société en liquidation ; et il lui arriva, un jour qu'il les voyait trop animés, d'interposer entre eux le crucifix, et de les forcer ainsi au pardon mutuel et à la paix.

Il trouva enfin une toute petite position selon ses vœux ; c'était une part de rédaction périodique dans une revue religieuse. Deux articles par mois, voilà tout ce qui lui était demandé, moyennant une rétribution annuelle de mille francs, qui, dans la vie parisienne, eût été certainement insuffisante pour tout autre que pour lui ; mais le régime auquel il s'était accoutumé devait la rendre surabondante au profit de ses bonnes œuvres. Nous ne pouvons du reste plus former à son égard que des conjectures, nos relations de circonstances ayant été interrompues. Dès l'instant que ses rapports avec le monde ne lui ont plus été commandés par les devoirs de sa place, notre solitaire fit fermer impitoyablement sa porte à tout visiteur, n'entretenant de commerce qu'avec Dieu, et ne parlant plus à âme qui vive, si ce n'est à son père spirituel.

On pourrait apercevoir notre anachorète parisien à la Bibliothèque Sainte-Geneviève, qu'il fréquente assidûment, ainsi que les églises du même quartier.

CURIEUX EXEMPLE D'ÉNERGIE

Au mois d'août 1863, le navire *Adelina-Eliza*, commandé par le capitaine Speken, partait de Bordeaux, faisant route pour Hong-Kong.

Un mois après, un bâtiment français l'aperçut dans les parages du cap de Bonne-Espérance, puis on n'en entendit plus parler. On supposa, malheureusement avec trop de raison, que l'*Adelina* était perdue.

Par un miracle, nous savons aujourd'hui comment ce navire a péri et ce que sont devenus ceux qui le montaient.

Assaillie par une horrible tempête dans l'océan Indien, l'*Adelina-Eliza* fut rejetée loin de sa route et, poussée par les vents, elle courut en pleine Océanie. Après avoir lutté pendant un mois contre le mauvais temps avec un navire démâté et dont le gouvernail fonctionnait à peine, le capitaine et l'équipage virent arriver enfin le beau temps, lorsque l'*Adelina-Eliza* toucha sur un banc de corail, et ce fut à peine si les malheureux matelots et leur chef épuisés eurent le temps de s'embarquer dans la chaloupe. Il était nuit noire.

Au petit jour, les naufragés qui avaient navigué au hasard, se trouvèrent au milieu d'une baie charmante. Ils se crurent sauvés, abordèrent et voulurent prendre quelque repos. Une heure après, ils étaient entourés de cannibales et faits prisonniers.

Onze hommes, dont le capitaine, furent successivement mangés. Les trois autres, par une cause que nous ignorons encore, parvinrent, non sans peine, à s'échapper des mains des anthropophages. Mais dans quel état ! l'un, Georges Samazan, avait un bras entièrement coupé et un œil arraché. Ses deux compagnons se trouvaient dans un état d'épuisement complet.

Ils gagnèrent un point isolé de l'île, trouvèrent une pirogue et s'embarquèrent, aimant mieux servir de pâture aux requins qu'aux anthropophages. Heureusement, ils se trouvaient dans un archipel dont les îlots sont assez rapprochés.

Passant d'un point à un autre, ils s'éloignaient le plus

possible de la terre où leurs compagnons avaient trouvé la mort, et quelle mort ! Enfin les deux compagnons de Georges Samazan moururent d'épuisement.

Il resta seul, mutilé et sans aucun espoir, sur un frêle esquif. Son courage ne l'abandonna pourtant pas. Il dirigea tant bien que mal sa pirogue, abordant de temps à autre sur les îlots pour reprendre de nouvelles forces, et se nourrissant de coquillages et de racines... mais, un jour, il arriva à la dernière île et ne trouva plus devant lui que l'immensité de l'Océan.

Alors, avec une patience dont on a peu d'exemples, il se mit à construire un radeau, — ce travail gigantesque lui prit une année, — puis il se lança de nouveau sur la mer.

L'intrépide naufragé fut rejeté sur une côte ; voyant l'impossibilité de tenir la mer, il résolut d'avancer dans les terres. Il gravit une montagne, traversa un désert et retomba au milieu de sauvages. Il réussit encore à leur échapper... il s'enfuit par des forêts impraticables, ne sachant où il se dirigeait. Enfin, la Providence récompensa ses efforts.

Après avoir couru mille dangers, les pieds dévorés par des insectes, le visage ensanglanté par des piqûres de maringouins, il trouva des blancs qui lui prodiguèrent les soins que réclamait son état. Il avait traversé toute l'Amérique à pied, il avait marché pendant trois ans.

Il s'embarqua dans un petit trois-mâts portugais et revint en Europe. Mais à son arrivée il a été obligé d'entrer dans un hôpital, et c'est de là qu'il a pu faire parvenir à sa famille, qui le croyait perdu, un télégramme annonçant son retour.

APPENDICE

APPLICATION DE LA VAPEUR.

I

LES INITIATEURS DE CETTE DÉCOUVERTE.

Vous sèmerez et d'autres recueilleront, a dit Notre-Seigneur à ses Apôtres : cet adage, émané de la Vérité même, n'a pas eu seulement son application à l'égard des hommes délégués par Elle pour fonder la société chrétienne, c'est encore l'histoire de la plupart des inventions et des fondations utiles à l'humanité : toute œuvre civilisatrice a eu ses martyrs, ses initiateurs obscurs, qui ont semé dans le travail et dans la peine ce que d'autres ont recueilli en gloire et en bien-être. Ceux même qui ont pu goûter les prémices de leurs fruits ne l'ont fait que tardivement et après avoir usé leur vie à soutenir une lutte persévérante. Témoin Guttemberg, Colomb, Jacquart, que nous avons déjà nommés. Combien d'âmes, moins fortement trempées, succombent à la peine, se laissant aller au découragement ! L'inventeur des omnibus s'est, dit-on, ruiné dans cette entreprise naissante, qui depuis enrichit tous les actionnaires en procurant un véritable bienfait à l'immense population de Paris, dont les différents quartiers ne communiquaient autrefois que rarement et difficilement les uns avec les autres.

Heureux ceux qui, dans leur obscur labeur, élèvent leurs cœurs au-dessus de la terre ! L'échec alors ne peut les abattre, car ils doivent recevoir dans le ciel la récompense de leurs efforts méconnus ici-bas.

Une invention des plus importantes entre toutes celles des temps modernes est celle des effets puissants de la vapeur. Cette découverte n'a été ni l'œuvre d'un jour ni celle d'un seul homme.

« Quoique l'invention de la machine à vapeur, — la reine des machines, — dit un auteur anglais, appartienne, comparativement parlant, à notre époque, l'idée elle-même a pris naissance dans des temps déjà éloignés de nous. Comme une foule d'autres découvertes, cette invention s'est effectuée par degrés; un inventeur transmettant le résultat de ses travaux, inutile en apparence pour le temps où il vivait, à ses successeurs qui le reprenaient pour lui faire accomplir un nouveau progrès, et les sentinelles de la grande idée se répondant ainsi l'une à l'autre par-dessus les têtes de maintes générations.

« Héron d'Alexandrie [1] semble avoir bien compris la puissance de la vapeur. Cela ressort du moins de son curieux *Traité de pneumatique,* dont la publication, après la découverte de l'imprimerie, eut pour effet immédiat de diriger l'attention des savants sur ce sujet. L'ardeur des recherches se ralluma d'abord en Italie, où un seul siècle vit publier huit traductions et éditions différentes du livre de Héron. Parmi les premiers investigateurs se firent remarquer Giambattista della Porta, Branca et Salomon de Caus. De Caus était né en Normandie, mais avait étudié sa profession d'architecte

____
[1] Cet Héron vivait cent vingt ans avant l'ère chrétienne.

ingénieur en Italie, où, très-probablement, les merveilles de la vapeur, telles qu'elles sont décrites dans le livre de Héron, lui furent révélées. Peu de temps après son retour en France, il passa en Angleterre, où il fut employé par le prince de Galles à dessiner des grottes, des fontaines et d'autres ornements hydrauliques destinés à l'embellissement des jardins de Richmond. Il donna en outre des leçons de dessin à la princesse Élisabeth, et, lorsque celle-ci épousa l'électeur Palatin, il l'accompagna en Allemagne, où il fut nommé conservateur du palais et des jardins d'Heidelberg. Ce fut là qu'il écrivit l'ouvrage intitulé *Les Raisons des forces mouvantes*, ouvrage qui fut publié à Francfort en 1615. Le système proposé par lui pour soulever l'eau à l'aide du feu reproduisait en partie les idées de Héron..... [1]. »

On a de nos jours beaucoup trop exalté Salomon de Caus, qui, laborieux investigateur, apporta sa pierre à la science et contribua à mettre sur la voie de l'invention de la future machine à vapeur. Mais il est faux que par la force de son génie il ait deviné cette machine, et qu'il ait été persécuté au point d'être enfermé comme fou dans un cabanon de Bicêtre. On en a fait à tort le héros d'un roman du *Musée des Familles* et d'un drame de la Porte Saint-Martin. Il faut absolument rejeter cette légende apocryphe qui ne repose sur aucun fondement et qui a été démentie de la manière la plus formelle. Revenu à Paris dans ses dernières années, Salomon y exerça paisiblement sa profession d'ingénieur, fit divers travaux pour le roi Louis XIII, mourut dans l'exercice de ses fonctions, et, tout huguenot qu'il était,

---

[1] *Self-Help* par Samuel Smiles.

fut enterré dans le cimetière de la Trinité, situé dans le quartier Saint-Denis à Paris.

« L'idée de Héron, de Branca, de Salomon de Caus, ne fut pas perdue. Elle passa dans d'autres esprits et y fructifia. Un autre prisonnier illustre, le marquis de Worcester, ayant été envoyé à la tour de Londres, sous prétexte d'une trahison supposée, tourna ses pensées vers la puissance de la vapeur qu'il étudia longtemps et patiemment ; et, lorsqu'il fut rendu à la liberté, il inventa et construisit une machine à vapeur à haute pression, dont on se servit pendant quelque temps pour pomper l'eau de la Tamise [1]. »

Quelques défauts firent abandonner cette machine, que d'autres reprirent en sous-œuvre trente ans après. Entre ceux-ci il faut surtout citer le docteur Denis Papin, né à Blois, vers le milieu du XVIIe siècle, et qui, après avoir exercé la médecine à Paris, se distingua par plusieurs expériences faites en Angleterre et en Allemagne, et attacha son nom à l'invention de plusieurs machines à vapeur, que James Watt devait perfectionner dans le siècle suivant.

II

JAMES WATT.

Le caractère de cet inventeur mérite que nous en fassions une étude spéciale, les éléments nous en sont fournis par l'écrivain anglais que nous avons déjà cité :

« Watt, dit-il, était un des hommes les plus industrieux qui aient jamais existé. Quel que fût le sujet que

[1] Samuel Smiles.

le courant de ses affaires portait à sa connaissance, il en
faisait l'objet d'une étude particulière ; et l'histoire de
sa vie prouve, — ce que du reste l'expérience de tous les
temps confirme, — que ce ne sont pas les hommes les
plus remarquables par la vigueur de leur esprit et l'é-
tendue de leurs capacités naturelles, qui arrivent aux plus
grands résultats, mais ceux qui apportent dans l'emploi
de leurs facultés l'assiduité la plus persistante, et par-
dessus tout cette habileté méthodique qui ne s'acquiert
qu'à force de travail, d'application et d'expérience. Il
y avait à coup sûr, du temps de Watt, bien des gens
qui en savaient plus que lui, mais aucun qui travaillât
aussi assidûment à faire servir ce qu'il savait à des usages
pratiques. Il se distinguait surtout par son ardeur persévérante à poursuivre et à constater les faits ; et nul ne cul-
tiva avec plus de soin que lui cette habitude d'intelligente
attention, dont tous les hommes sensés reconnaissent
que les plus hautes qualités de l'esprit dépendent.....

« Watt, enfant, trouva la science mêlée à ses jeux. Les
quarts de cercle qui traînaient dans la boutique de char-
pentier de son père lui suggérèrent l'idée d'étudier l'op-
tique et l'astronomie ; sa mauvaise santé le conduisit à
s'enquérir des secrets de la physiologie ; et ses promenades solitaires dans la campagne firent naître en lui le
désir d'apprendre la botanique, l'histoire et l'archéologie.
Fabricant d'instruments de mathématiques, il reçut
un jour la commande d'un orgue ; et, quoiqu'il n'eût
point l'oreille musicale, il entreprit l'étude de l'harmonie
et réussit à construire l'instrument. De même, lorsque le
petit modèle de la machine à vapeur de Newcomen, appartenant à l'Université de Glascow, lui fut donné à réparer, il se mit sans retard à apprendre tout ce que l'on
savait alors sur la chaleur, l'évaporation et la conden-

sation ; et faisant, à force de travail, marcher de front cette étude et celle de la mécanique et de la construction, il arriva enfin à mettre le sceau à cette invention admirable, la machine à condensation.

« Mais ce n'est pas tout d'inventer. Inventer, comme « le dit très-bien sir Marc Brunel, est une chose, et « faire marcher l'invention en est une autre. » Lorsque Watt donc, après de longs travaux et de patientes études, eut complété sa machine, il se trouva en présence d'un obstacle qui avait arrêté bien d'autres inventeurs, qui souvent avait rendu momentanément impossible l'application de leurs découvertes, et qui même quelquefois les avait forcés d'en ajourner l'introduction ou d'y renoncer complétement. Cet obstacle consistait en ce que la machine projetée dépassait tellement les ressources mécaniques de l'époque, que c'était à peine si, tant bien que mal, elle pouvait être construite. Que de fois, du temps qu'il travaillait à son invention à Glascow, Watt fut dérouté et, pour ainsi dire, désespéré par la maladresse et l'incapacité de ses ouvriers ! « Vous me demandez, écrivait-il au docteur Roebuck, quel est le principal obstacle à la construction des machines ! c'est la main-d'œuvre, toujours la main-d'œuvre. » Son premier cylindre fut fabriqué par un blanchœuvrier avec des plaques de fer battu soudées ensemble ; mais le blanchœuvrier s'étant servi de vif-argent pour rendre le cylindre imperméable à l'air, il se détacha des aspérités du cylindre des fragments de vif-argent qui tombèrent dans l'intérieur et « firent le diable à quatre avec la soudure. » Cependant, tout maladroit que fût son blanchœuvrier, Watt ne pouvait guère se passer de lui ; et c'est pourquoi nous le voyons prendre un ton si lamentable lorsqu'il écrit au docteur Roebuck : « Mon vieux blanchœuvrier est mort ! » On sent que, dans l'esprit de Watt, c'était une perte irréparable. Le cylindre qu'il employa ensuite fut un cylindre fondu et foré à Carron, mais si inégal, que ce fut à peine si l'on put s'en servir. On eut beau garnir le piston de papier, de liége, de mastic, de carton-pâte, de vieux feutre, jamais on ne put le rendre imperméable à la vapeur. Même après que Watt eut établi sa résidence à Birmingham et que l'assistance des meilleurs ouvriers de Boulton lui fut acquise, Smeaton, lorsqu'il vit fonctionner la machine, exprima l'opinion que, malgré l'excellence de l'invention, elle ne deviendrait jamais d'un usage général, vu la difficulté que l'on éprouverait toujours à en ajuster les diverses parties avec une précision suffisante. Pendant longtemps nous voyons Watt, dans ses lettres, se plaindre à son associé Boulton et lui dire que si ses machines ne vont pas, cela tient à la main-d'œuvre qui est « horriblement mauvaise. » Il arriva même, dans certains cas, que les cylindres, une fois fondus, se trouvaient plus larges d'un huitième de pouce à une extrémité qu'à l'autre. Comment de telles machines auraient-elles pu fonctionner avec précision ?

Il était impossible cependant de rien obtenir de mieux. Il n'existait pas alors d'ouvriers mécaniciens de premier ordre : leur éducation se faisait, mais elle n'était pas faite. On était donc obligé de s'en tenir aux travaux à la main, et les outils en usage étaient, pour comble de malheur, d'une nature très-inférieure. Quelques tours à la mécanique, assez mal établis, quelques grossières machines à percer et à forer, constituaient les principales pièces d'un atelier.

« Dix ans durant, Watt poursuivit ses combinaisons et ses essais, n'ayant, en somme, que peu de raisons d'espérer, peu d'amis pour l'encourager, sans cesse aux

prises avec des difficultés de toutes sortes, et ne gagnant sa vie que bien juste, en travaillant beaucoup.
Même lorsqu'il fut arrivé à avoir une machine fonction-
nant régulièrement, il sembla aussi loin que jamais de
toucher au port; car il ne put trouver de capitaliste qui
voulût s'associer avec lui, fournir les capitaux nécessaires pour mener à bien cette grande entreprise. Il continua donc, pour gagner le pain de sa famille, à faire des
quarts de cercle, à vendre et à raccommoder des violons,
des flûtes et toute espèce d'instruments de musique, à
toiser des ouvrages de maçonnerie, à inspecter des routes, à diriger des constructions de canaux, bref, à faire
tout ce qui se présentait et lui offrait une perspective de
gain honnête. A la longue pourtant, Watt trouva un par-
tenaire digne de lui dans un autre éminent chef d'industrie, Mathew Boulton, de Birmingham, homme énergique, habile, prévoyant, qui entreprit, avec la vigueur
qu'il apportait à toutes choses, d'introduire dans la pratique générale l'usage de la machine à vapeur à condensation. Le succès des deux associés appartient aujour-
d'hui à l'histoire [1]. »

III

LE MARQUIS DE JOUFFROY. — FULTON.

Depuis cette époque, une foule d'ouvriers éminents se
sont succédé, et ont, tour à tour, ajouté tant de perfectionnements à la machine à vapeur, qu'ils l'ont rendue
propre à toute espèce d'usages industriels, notamment à
faire marcher d'autres machines, à donner l'impulsion

[1] *Self-Help.*

aux navires, à moudre le grain, à imprimer les livres, à frapper les monnaies, à battre, raboter et tourner le fer, en un mot, à exécuter tous les travaux mécaniques qui requièrent une force considérable.

Nous ne pourrions parler ici de tous ces inventeurs et perfectionneurs, mais au moins devons-nous dire quelques mots des plus illustres.

De ce nombre est le marquis de Jouffroy, gentilhomme Franc-comtois, qu'une étourderie de jeunesse avait fait enfermer par ordre de sa famille à la prison d'État de Sainte-Marguerite, une des îles de Lérins, près des côtes de Provence.

Après y avoir passé deux ans, le jeune militaire, rendu à la liberté, vint à Paris en 1775. Un grand projet l'animait ; le temps de sa réclusion n'avait pas été infructueux pour lui : n'ayant eu alors d'autre distraction que le spectacle de la mer, il avait observé avec attention les manœuvres des galères, conduites à la rame par les forçats, suivant l'usage de ce temps, et il avait été frappé des inconvénients de ce mode de propulsion des navires. Depuis que l'Académie des sciences avait mis au concours, en 1753, la question des *moyens de suppléer à l'action du vent*, et couronné le mémoire présenté à ce sujet par Daniel Bernouilli, on s'occupait en France, avec beaucoup d'ardeur, des perfectionnements à introduire dans les procédés de navigation. M. de Jouffroy, préoccupé du même genre de recherches, conçut l'idée que la machine à vapeur pourrait remplacer l'action des rames.

Précisément à l'époque où le marquis de Jouffroy, revenant de son exil, entrait dans la capitale, impatient de recueillir sur la machine à vapeur les renseignements qui lui manquaient, les frères Périer s'occupaient d'établir la pompe à feu de Chaillot, qui consistait en une machine de Watt à simple effet. La pompe à feu des frères Périer était alors, pour les Parisiens, le sujet d'une vive et juste curiosité; la foule ne se lassait pas d'en aller contempler le jeu si admirable et si simple.

A peine débarqué, le marquis de Jouffroy, sans donner un regard aux merveilles de la capitale, qu'il voyait pour la première fois, courait à Chaillot pour se mêler à la foule des visiteurs; et, tandis que le mécanisme de l'appareil n'était pour le reste des assistants que l'objet d'une curiosité stérile, il devenait pour lui le texte des plus fructueuses études. Ayant obtenu des frères Périer la faveur d'une entrée particulière, il put observer tout à loisir les détails de la machine et le jeu de ses divers organes. L'examen approfondi auquel il se livra ainsi lui montra toute la certitude de ses vues; et, dès lors, la possibilité de réaliser le projet qu'il avait conçu éclata avec évidence dans son esprit, et l'occupa tout entier.

Il s'associa à deux autres gentilshommes qui avaient eu une idée analogue à la sienne, mais dont l'essai avait échoué; unissant leurs ressources, leur expérience, tous trois reprirent ensemble courageusement ce projet. Un premier essai du système de Jouffroy fut exécuté par lui sur le Doubs en 1776, puis un autre sur la Saône en 1783. Mais sans appui, sans moyens suffisants d'exécution, le marquis ne put donner suite à son invention, qui devait bientôt faire la gloire et la fortune d'un autre. La révolution française l'obligea d'émigrer, et d'autres luttes alors occupèrent sa vie. Noble cœur, il ref sa constamment de livrer à l'étranger le secret de ses laborieuses études. Une compagnie, formée à Paris en 1816, lui fournit enfin le moyen d'exécuter ses plans; mais une ruineuse concurrence l'empêcha de réussir. Il mourut aux Invalides en 1832. L'Académie des sciences rendit hommage à sa mémoire et le proclama le véritab e inventeur de la navigation à la vapeur, bien que Fulton ait usurpé ce titre.

Avant Fulton, un autre Américain, nommé John Flitch, avait fait aussi des tentatives qui eurent un commencement de succès ; mais, hélas ! nous l'avons déjà dit, de pareilles inventions germent lentement et laborieusement avant d'éclore. Après quelques essais qui promettaient, Flitch eut de grands revers, et le courage lui fit défaut. Cœur faible, il chercha d'abord l'oubli de ses chagrins dans l'ivresse, et, comme le soldat qui déserte son drapeau, il termina sa vie par un lâche suicide ; triste fin de celui qui ne travaille que pour le temps et n'a point élevé ses vues jusqu'à l'éternelle rémunération.

Robert Fulton, qui devait moissonner la fortune et la gloire, si laborieusement semées par ses devanciers, eut comme eux d'abord sa part de pénibles luttes. Il était né en 1765 dans l'État de Pensylvanie (Amérique du Nord). Ses parents étaient de pauvres émigrés irlandais, et, dès l'âge de trois ans, il fut privé de l'appui d'un père. Sa mère ne put lui procurer d'autre instruction que de lui faire apprendre à lire et à écrire dans une école de village, puis elle l'envoya très-jeune à Philadelphie chez un joaillier pour y apprendre cette profession. Au lieu d'employer à la dissipation les loisirs que pouvaient lui laisser les devoirs de son apprentissage, le jeune homme en profita pour s'appliquer à cultiver ses dispositions pour le dessin, la peinture et la mécanique. Ses progrès dans la peinture furent tels qu'à l'âge de dix-sept ans, il était parvenu à se faire une ressource de son pinceau. Il parcourait les États-Unis, allant d'auberge en auberge vendre des tableaux et faire des portraits, et finit par s'établir comme peintre en miniature à Philadelphie. S'étant ainsi amassé quelque argent, son premier soin fut d'assurer l'existence de sa mère en lui achetant une petite ferme, où il l'installa.

Frappés de ses dispositions artistiques, des amis l'engagèrent à se rendre à Londres où il trouverait dans le peintre Benjamin West un maître sous lequel il pourrait perfectionner son talent. Un de ceux qui lui donnaient ce conseil fournit même aux frais du voyage, et Fulton fut accueilli de la manière la plus encourageante par le peintre auquel il était recommandé. Peu d'artistes rencontrent à leurs débuts un tel concours de circonstances favorables.

Mais celui dont les talents avaient brillé dans la jeune Amérique, où sans doute ils rencontraient peu de concurrence, s'aperçut bientôt de son infériorité relativement aux talents des artistes de la vieille Europe ; désespérant d'atteindre jamais à la perfection de son art, il abandonna ses pinceaux pour se livrer à l'étude de la mécanique; il travailla quelque temps dans diverses villes manufacturières comme dessinateur de machines.

Son savoir-faire fut remarqué, et il s'attira la protection de divers puissants personnages.

En 1788, décidé à tirer parti des connaissances mécaniques qu'il venait d'acquérir, Fulton revint à Londres et y fit connaissance avec un de ses compatriotes, James Rumsey, qui cherchait à résoudre le problème de la navigation à vapeur. Fulton s'appliqua à chercher la solution de ce problème, en corrigeant ce que le système de Rumsey avait de défectueux. Mais il chercha vainement dans les hauts personnages qu'il connaissait un appui pour l'aider à exécuter son invention, bien qu'il eût obtenu des brevets et d'autres témoignages honorifiques de la part de sociétés savantes.

Espérant plus de succès en France, Fulton vint à Paris en 1796 et n'y trouva pas plus d'encouragement que n'en avait eu le marquis de Jouffroy.

Ainsi que Christophe Colomb, s'adressant successivement à diverses nations, Fulton voyait partout ses propositions rejetées. La république Batave ne les accueillit pas mieux que le Directoire, et Fulton, réduit à chercher à Paris des moyens d'existence, fut obligé de recourir à son talent de peintre, qui du moins lui donna du pain.

Il amassa de nouveau quelques fonds et, avec l'aide d'un associé, parvint à construire un bateau à vapeur dont il attendait un succès décisif. Hélas! le bateau était trop faible pour supporter le poids de la machine, il se rompit en deux et coula à fond.

Jamais peut-être homme ne ressentit une douleur plus violente que celle que dut éprouver Fulton en voyant s'anéantir en un clin d'œil le fruit de tant de travaux et de veilles, au moment même où il touchait au but rêvé.

Cependant il surmonta cette cruelle émotion, et sut mieux faire que de se livrer à un stérile désespoir. Pendant vingt-quatre heures consécutives, sans prendre ni repos ni nourriture, il travailla de ses propres mains, avec ses ouvriers, à retirer de la Seine la machine et les fragments submergés du bateau.

Heureusement la machine n'avait point souffert, mais il fallut construire un bateau nouveau. Fulton s'établit en conséquence à l'île des Cygnes, et un bateau, construit avec les soins et la solidité convenables, fut enfin en état de naviguer sur la Seine, ce qui eut lieu le 9 août 1803 en présence d'une foule nombreuse et d'une députation de l'Académie des sciences.

Cette fois le succès ne parut pas douteux. Le bateau, mis en mouvement à diverses reprises, marcha contre le courant avec une vitesse d'une lieue et demie par heure.

Malgré ce commencement de réussite, le premier consul Bonaparte, préoccupé d'autres projets, n'accueillit point les offres de service de Fulton, que, dans son aveuglement, il confondit avec les charlatans et les aventuriers. Le gouvernement américain se montra plus clairvoyant et se prêta aux perfectionnements et aux expériences que réclamait encore l'invention naissante. Fulton n'en était pas l'initiateur, mais il avait su par sa persévérance y mettre le sceau. Outre les vicissitudes que nous avons relatées, il en subit encore beaucoup d'autres. S'il enrichit sa patrie, s'il s'acquit quelque gloire et quelque fortune, tout cela fut mêlé de bien des soucis ; il travailla énormément, péniblement, et sans doute ses extrêmes fatigues abrégèrent sa vie ; il mourut à cinquante ans à New-York où l'on rendit à sa mémoire des honneurs dignes d'un souverain. Mais là se borna la reconnaissance de ses compatriotes, qui laissèrent ses héritiers en proie à beaucoup d'embarras pécuniaires, résultant des sacrifices nécessités par des entreprises auxquelles cette nation doit la meilleure part de sa prospérité.

IV

GEORGES STEPHENSON.

C'était un progrès immense que d'avoir enfin découvert et perfectionné le système de la navigation par la vapeur ; ce n'en fut pas un moindre que la construction des chemins de fer et l'invention des locomotives qui devaient permettre de voyager sur terre avec une équivalente célérité. Cette dernière invention est due à Georges Stephenson, ouvrier anglais, qui arriva à ce résultat par des efforts répétés de patientes études, des essais successifs d'application industrielle, et surtout un esprit de modération et d'amour du travail que la persévérance devait couronner de succès.

C'est donc surtout au point de vue du caractère que nous allons étudier la vie de l'homme estimable à qui l'on doit le complément de l'œuvre la plus importante qui se soit élaborée et produite dans les temps modernes.

Georges Stephenson naquit en 1781 dans un obscur village des environs de Newcastle. Ce village n'était habité que par des ouvriers mineurs, employés à l'extraction du charbon de terre. Robert Stephenson, père de notre héros, était un de ces ouvriers ; sa fonction consistait à garder la pompe d'épuisement de la mine. La famille de ce brave homme était nombreuse et son gain chétif. Il savait se rendre heureux cependant par son assiduité au travail et la modération de ses désirs. Il se donnait la distraction d'élever des oiseaux, dont il prenait plaisir à entendre le gai ramage, assis à la porte de sa pauvre cabane, composée d'une seule chambre. La contemplation de sa volière et l'attrait des récits que, comme un barde populaire, il se plaisait à faire aux enfants du village, les attiraient autour du *vieux Bob*, c'est ainsi qu'on l'avait surnommé ; et son fils Georges n'était pas le moins attentif d'entre eux à écouter les merveilleuses aventures de Sinbad le Marin et de Robinson Crusoé, que l'esprit poétique du vieux conteur savait rendre fort attrayantes.

La première fonction dont fut chargé Georges Stephenson encore enfant, fut celle de la surveillance de ses frères plus jeunes que lui. C'était débuter dans la vie par la mission des anges. Il devait, entre autres soins, tenir ses pupilles à distance des pesants wagons traînés par des chevaux, qui suivaient les rails de bois conduisant à la mine. A cette époque, la locomotion par la vapeur semblait encore un rêve presque irréalisable. Georges ignorait alors que le monde savant se préoccupait d'une telle question ; mais sa jeune intelligence se familiarisait avec les wagons, les rails, la houille ; et déjà dans sa jeune imagination germait une idée encore informe, dont devait surgir plus tard une grande découverte.

Quand une mine longtemps exploitée est épuisée, les pauvres mineurs sont obligés de changer de résidence pour aller travailler à une autre exploitation. C'est ainsi qu'à l'âge de huit ans, Stephenson dut quitter son village natal pour suivre son père à Dewley-Burns, amas rustique de pauvres chaumières construites sur les bords d'une rivière et communiquant entre elles par un pont de bois. La situation de la famille n'était pas plus aisée dans ce nouveau séjour qu'elle ne l'avait été dans le précédent. Georges fut obligé pour ajouter aux ressources de sa famille de garder les vaches d'une ferme voisine moyennant le salaire de 2 pence (20 centimes) par jour. Il n'en était pas peu fier.

Cette occupation laissait au petit pâtre des heures de loisir, il les employait à fabriquer avec l'aide de ses camarades des modèles en miniature de la machine qu'il avait vue à l'entrée de la mine. Un marais des environs lui fournit de la terre glaise ; des tiges de roseaux furent transformées en imaginaires conduits de vapeur.

Enhardi par ce premier succès, il résolut de mettre son appareil en communication avec une petite *machine à molettes*. Des morceaux de liége creux figurèrent les caisses destinées à recevoir le minerai, des bouts de ficelle tinrent lieu de câble, et quelques planchettes, glanées dans l'atelier d'un menuisier, fournirent les matériaux de la charpente. C'est ainsi que les jeux de l'enfant révèlent parfois des aptitudes qui doivent se développer en lui dans un âge plus avancé.

L'ingénieux mécanisme fonctionnait à merveille ; les seaux montaient et descendaient avec une régularité parfaite, au grand ébahissement des vieux mineurs de Dewlay-Burns. Ce triomphe fut de courte durée : un mauvais plaisant, un envieux peut-être, renversa la frêle construction, et quand les deux enfants, qui l'avaient élaborée avec tant de patience, revinrent pour contempler leur œuvre, ils eurent la douleur de la trouver brisée en mille pièces.

Cependant Georges grandissait ; on le fit travailler dans les champs, extraire les racines, conduire les chevaux de labour. Mais sa grande ambition était d'être admis, comme son frère aîné, au nombre des ouvriers de la mine. Il y réussit et fut employé d'abord en qualité de *nettoyeur de charbon*, à raison de six pences (60 centimes) par jour ; bientôt après on le chargea de diriger un cheval de manége, puis d'assister son père comme chauffeur. Son salaire fut alors porté à un shilling (1 fr. 25). Il se trouvait au comble de ses vœux ; mais il était encore si jeune, que son rapide avancement excita plus d'une jalousie. Aussi pendant plusieurs semaines fut-il sans cesse tourmenté de la crainte de perdre son emploi.

Le charbonnage de Dewlay s'étant épuisé, la famille

de Stephenson dut émigrer à Newburn, où une mine appartenant au duc de Northumberland venait d'être mise en exploitation. Ce fut là que Georges, en raison de son assiduité au travail, obtint d'être choisi pour surveiller la pompe, poste assez important, et qui exige une scrupuleuse vigilance. Ce travail l'absorbait chaque jour pendant douze heures ; mais, sa tâche terminée, il trouvait encore le temps de démonter la machine pour la nettoyer, l'examiner dans toutes ses parties et se familiariser avec ses différents organes. Étudier l'appareil qui lui était confié devint son plaisir favori, et il ne pouvait se lasser d'en contempler le mécanisme avec admiration.

Georges était parvenu à l'âge de dix-sept ans et ne savait pas lire. Aller à l'école était pour les enfants pauvres de cette époque un luxe presque inconnu. Aussi avec quel empressement tous les ouvriers se réunissaient-ils autour de celui d'entre eux qui était assez savant pour déchiffrer un livre ou un journal. L'intérêt qu'excitaient en eux les nouvelles politiques avait remplacé celui que leur inspiraient jadis les légendes du *vieux Bob*.

Depuis ses constructions enfantines de Dewlay, Georges avait toujours continué à façonner avec de la terre glaise de petits modèles des machines qu'il avait vues ou qu'il avait entendu décrire. Tout le monde parlait des ingénieux appareils de Boulton et de Watt. Des livres en expliquaient le mécanisme ; le désir d'y étudier ce qu'il désirait approfondir vint ajouter encore à l'envie que le jeune ouvrier nourrissait d'apprendre à lire.

En conséquence, après son travail de la journée, Georges venait s'asseoir sur les bancs de l'école du village, et, comme il étudiait encore dans le jour, tout en surveillant sa machine, il fit de rapides progrès dans la lecture, l'écriture et l'arithmétique, enfin dans tout ce qu'il était possible au magister du village de lui enseigner.

Familiarisé maintenant avec le maniement de la pompe, Georges aspirait à un travail plus élevé. Un de ses amis consentit à lui montrer la manœuvre du *frein*: c'est ainsi qu'on appelle, dans les charbonnages, l'appareil destiné à régler le mouvement des charges de houille qui montent du fond de la mine, de telle sorte qu'elles viennent s'arrêter précisément à l'ouverture du puits où on les attend. Mais les autres mineurs, dont l'amour-propre était blessé du rapide avancement du jeune Stephenson, organisèrent une cabale contre lui. Toutes les fois qu'il dirigeait le train, les chargements s'arrêtaient, ce que voyant, son ami résolut d'avoir raison d'un tel mauvais vouloir.

Un jour qu'il était instruit de l'approche du directeur, il appela Stephenson et remit entre ses mains l'appareil ; les caisses de houille cessèrent de monter, et le chef, en arrivant, demanda la cause de cette interruption. « Ce garçon est trop jeune, répondit l'un des ouvriers, il ne sait pas conduire le frein. Je doute même qu'il puisse jamais l'apprendre : il n'est pas assez malin. » Pour toute réponse, Georges demanda la permission de faire ses preuves. La manœuvre fut habilement conduite, et le directeur, témoin de l'adresse du jeune homme, le nomma quelque temps après garde-frein dans le charbonnage de Collerton.

Quoique les nouvelles occupations de Stephenson exigeassent beaucoup d'expérience, elles étaient assez monotones et lui laissaient de nombreux loisirs. Il les employait à augmenter par l'étude la faible somme de ses connaissances et aussi à ajouter quelque chose à son modeste salaire en raccommodant les souliers de ses camarades. Ce fut ainsi qu'il parvint à économiser une

guinée gagnée à la sueur de son front. Au bout de deux
ans, une augmentation de paye qui lui fut offerte à Wil-
lington, village près de Newcastle, lui permit de songer
à se marier. Une vertueuse et pauvre jeune fille, qu'il
avait distinguée depuis longtemps, accepta sa main et
vint embellir son modeste foyer de tout le bonheur que
peuvent donner l'ordre, le travail et la bonne harmonie de deux époux qui se conviennent.

Nous nous sommes beaucoup arrêté sur les détails de
la jeunesse de Stephenson, parce qu'ils nous ont paru
devoir intéresser particulièrement les jeunes lecteurs
auxquels cette notice est destinée. Nous avons voulu
montrer par quels précédents il s'est acheminé vers un
grand avenir qu'il n'entrevoyait pas encore.

Un désastre survenu dans son humble ménage vint
lui donner l'occasion d'acquérir un nouveau talent : en
son absence le feu prit à sa demeure, et les voisins ac-
courus pour éteindre les flammes y réussirent, non sans
endommager fortement le mobilier, particulièrement un
coucou, sorte d'horloge en usage dans les campagnes,
eut fort à souffrir. Envoyer l'instrument chez un horloger, c'eût été multiplier les frais occasionnés déjà par
les conséquences de l'incendie. Stephenson chercha tant
et si bien à réparer lui-même le dommage, que le coucou, remis à neuf, fonctionna mieux que jamais, et que
son propriétaire put désormais ajouter la profession
d'horloger à ses autres branches d'industrie.

Un malheur plus irréparable devait frapper le jeune
époux. Après lui avoir donné la joie de voir naître un
fils, le ciel lui enleva sa femme bien-aimée. C'était pour
lui une bien cruelle épreuve que l'amour du travail et
l'amour paternel vinrent pourtant adoucir. Ajoutons-y
l'amour filial ; car vers ce temps le pauvre vieux père de

Stephenson, devenu aveugle, fut recueilli par ce bon fils, qui désormais fournit à la subsistance du vieillard, après avoir acquitté ses dettes.

L'éducation de son petit Robert devint aussi l'objet de sa sollicitude, elle lui fournit l'occasion de recommencer en même temps la sienne, qui avait été fort incomplète.

Nous ne saurions développer ici toutes les gradations des progrès de Georges Stephenson, qui de simple ouvrier fut élevé par son patron au rang d'ingénieur, et exécuta des travaux tels que la vie de plusieurs ingénieurs semblait à peine y suffire. Il nous faudrait un volume pour les détailler [1]. A la suite d'autres inventions utiles, il s'est surtout illustré, comme nous l'avons dit, par celle de la locomotive à vapeur et la construction des chemins de fer, dont il dota l'Angleterre, et dont on sait aujourd'hui l'usage dans le monde entier. Une grande fortune, dont il a toujours fait le plus noble emploi, a récompensé, aussi bien que la gloire, ses persévérants travaux. Son fils et son élève, ingénieur en chef de plusieurs chemins de fer, siége aujourd'hui au parlement anglais. C'est ainsi qu'un homme laborieux et juste, tout en rendant service à l'humanité, s'est fait une position et a fondé celle de sa famille !

En terminant cette rapide esquisse, nous ne pouvons nous empêcher de communiquer une remarque dont notre esprit est frappé : l'application de la vapeur, dont nous n'avons pu tracer qu'imparfaitement l'histoire, est un fait d'une importance immense, dont les conséquences peuvent être comparées à celle qu'entraîna au quinzième siècle l'invention de l'imprimerie. Celle-ci eut ses

----

[1] Ce livre existe : il est de Daniel Smiles, on en a ait des traductions et un extrait que nous avons consultés pour ce travail. Voyez les librairies *Plon* et *Hachette*.

inconvénients en même temps que ses avantages : on peut en dire autant des facilités de locomotion que procure l'invention moderne. Cette dernière, en effaçant les limites qui séparaient les nations, tend à y détruire aussi l'originalité des mœurs qui les rendaient intéressantes et même à y faire pénétrer la corruption qui accompagne trop souvent une civilisation trop raffinée. Mais elle amène aussi la diffusion des lumières chez des peuples longtemps plongés dans les ténèbres de la barbarie et favorise la propagation de la foi parmi les nations idolâtres. Elle est dans l'ordre des desseins de Dieu, *qui a livré la terre aux investigations des hommes*, et qui fait servir à l'accomplissement de ses vues providentielles les progrès de l'esprit humain, nonobstant les abus qu'ils peuvent entraîner avec eux. C'est, en un mot, un acheminement à l'exécution de cette promesse évangélique, savoir, que tous les peuples doivent un jour se soumettre au joug de la vérité immuable, et qu'un temps viendra où *il n'y aura plus qu'un troupeau et qu'un pasteur.*

FIN.

TABLE DES MATIÈRES

FIN DE LA TABLE DES MATIÈRES.

TRÉSORS DE LA PRÉDICATION

Doctrine du Catéchisme du concile de Trente expliquée et commentée par des textes de l'Écriture sainte, et les plus beaux morceaux des Pères et des Docteurs de l'Église, à l'usage des curés et des prédicateurs, par M. l'abbé Pioger, du clergé de Paris. L'ouvrage est maintenant complet en 4 vol. in-4 compactes, de 660 pages chacun, contenant la matière de 20 vol. in-8 ordin. 36 fr.

Tome I. — Le Symbole. — Tome II. — Les Sacrements. Tome III. — Les Commandements. — Tome IV. — La Morale.

Ouvrage approuvé et recommandé par NN. SS. les Évêques de Gap, de Saint-Claude et du Mans.

Extrait du compte rendu de la Revue du monde catholique.

L'âme de l'éloquence chrétienne, c'est l'Écriture sainte, et cette Écriture sainte, sa doctrine et sa morale se trouvent developpées en entier dans les écrits des Pères de l'Église. Monuments précieux de l'éloquence et du savoir, ces écrits offrent à l'esprit, à l'intelligence et au cœur un charme qui entraine et séduit. Véritables interprètes de la doctrine catholique, les Pères ont su revêtir la grandeur et la sublimité de leurs pensées d'un langage toujours choisi et harmonieux, qui peut être regardé comme le modèle de la parole seule convenable aux ministres des autels.

Mais se procurer les Pères est chose dispendieuse, et beaucoup ne le peuvent pas ; et, le pourraient-ils, souvent leur temps, pris par les occupations du ministère, ne leur permet pas de les étudier d'une façon suivie. Un ouvrage qui, sur tous les points de la doctrine et de la morale catholique, fournirait ce que les Pères ont dit de plus remarquable, serait donc un ouvrage précieux dans lequel, sans grande fatigue et sans grande dépense, il serait facile de trouver les idées nécessaires pour un sujet à traiter. L'ouvrage de M. Pioger n'est que cela ; il ne faut pas, en conséquence, le confondre avec ces répertoires complétement inutiles, faits pour aider la paresse, et qui ne servent qu'à grandir la nullité de ceux qui s'en servent. M. Pioger a pris le *Catéchisme du Concile de Trente*, et, le suivant pas à pas, il l'a expliqué par les plus beaux passages des Pères et des Docteurs de l'Église : il est facile de se faire une idée, d'après cela, de la patience dont l'auteur a dû faire preuve dans la composition de son livre. L'abbé Pioger indique, d'après le Catéchisme, la vérité ou le point de morale en question, et les Pères viennent tour à tour parler sur cette vérité ou sur ce point de morale. C'est une concordance où, sans nul effort et sans recherche aucune, on trouve immédiatement sous la main ce qui a été dit par eux de plus beau et de plus parfait. De plus, en tête de chaque article, se trouvent cités tous les passages de l'Écriture sainte se rapportant au sujet. Chaque fois que la chose était nécessaire pour l'éclaircissement des textes, l'auteur a donné des notes en même temps que des indications destinées à faire retrouver les textes dans les originaux, si le lecteur le désirait. A la fin de l'ouvrage, on trouve deux tables précieuses par leur utilité : la seconde est une table générale des prônes pour les dimanches et fêtes de l'année, dont les cadres peuvent être entièrement remplis, à l'aide de renvois, avec ce que renferme les *Trésors de la prédication*. Ces quelques lignes suffisent, ce nous semble, pour faire connaître les *Trésors de la prédication*, et donner une idée de sa valeur et de son utilité.   Marcilly.

Corbeil. — Typ. et stér. de Crété fils.